Amar es para VALIENTES

LECCIONES

ITIEL ARROYO
con **VALERIA LEYS**

Amar es para valientes

LECCIONES

ITIEL ARROYO
con VALERIA LEYS

e625.com

Lecciones AMAR ES PARA VALIENTES

e625 - 2020

Dallas, Texas

e625 ©2020 por **Itiel Arroyo y Valeria Leys**

Todas las citas bíblicas son de la **Nueva Biblia Viva (NBV)** a menos que se indique lo contrario.

Editado por: **Marcelo Mataloni**

Diseño interior y portada: **JuanShimabukuroDesign**

RESERVADOS TODOS LOS DERECHOS.

ISBN: 978-1-946707-40-6

IMPRESO EN ESTADOS UNIDOS

CONTENIDO

ANTES DE COMENZAR

Al estudiar este libro y compartir estas lecciones con tus alumnos, ten siempre presentes los objetivos principales del libro original *Amar es para valientes*:

- Desafiarnos a que seamos portadores del amor de Dios como prioridad o llamado.

- Entender que el verdadero amor se conecta con otras virtudes, como la valentía, la honra, el compromiso, la protección y el perdón, y que es el punto de partida de todas ellas.

- Comprender el significado de "amar" en relaciones significativas pero difíciles.

- Descubrir a Jesús, el amante de nuestra alma, para tener el valor de amar a los demás como Dios nos ama a nosotros.

Para aprovechar al máximo las lecciones te recomendamos:

1. TEN EL LIBRO ORIGINAL *AMAR ES PARA VALIENTES*

Aunque no es obligatorio, se recomienda usar el libro como guía del maestro o como lectura de cada alumno. Todo el contenido de las lecciones se extrae del libro *Amar es para valientes* de Itiel Arroyo, y cada lección está basada en cada uno de sus doce capítulos, que están organizados alrededor de principios que te ayudarán a mejorar tus enseñanzas.

El libro *Amar es para valientes* extiende aún más el contenido de cada principio trabajado y te servirá también para enriquecer tus clases. Encontrarás en él muchos ejemplos que da el autor en cada punto, y también contiene otros que no incluimos en estas lecciones pero que es probable que te sirvan como herramientas, de ser necesario. En algunas ocasiones puede que te sea útil leerles a tus chicos las distintas anécdotas directamente del libro.

2. ANTICÍPATE

Prepara tu clase con antelación, calcula el tiempo que te tomarán las actividades y divide el trabajo entre varias personas. Cuanto más preparado estés, mejor resultará tu clase. Si divides las tareas y todos saben lo que vendrá no perderás tiempo y lograrás mejor tus objetivos.

Algunas clases requieren de materiales y de más preparación que otras; no dejes todo para último momento.

3. HAZ CAMBIOS EN LA ESTRUCTURA SI ES NECESARIO

Siempre puedes hacer cambios en la estructura de la clase y agregarle o sacarle cosas. Ten en cuenta lo siguiente:

 **LOS VERSÍCULOS CLAVE** son la guía, introducen el tema y serán el núcleo de las historias bíblicas en las que se basará la lección.

 **LA INTRODUCCIÓN** trae a la memoria la historia o hace una ilustración del tema que se va a tocar. Siempre hay que empezar una clase teniendo una imagen en mente.

 **LAS ACTIVIDADES** las vas a encontrar en diferentes lugares; a veces serán las disparadoras de la conversación; otras veces servirán para experimentar con el principio que se quiere enseñar, y en otras ocasiones servirán para llegar la conclusión del tema. Las puedes modificar o cambiar por completo, pero recuerda que aprendemos desde la experiencia, que es el objetivo principal de usar las actividades.

 **LAS IDEAS** son parecidas a las actividades, a veces son un poco más complejas y puedes modificarlas o cambiarlas.

 **LOS PRINCIPIOS** son puntos que queremos resaltar; aunque la lección se puede enseñar como un todo, separarla en principios te ayuda a que, si es necesario, puedas dividir la lección en dos o más lecciones dependiendo el tiempo que tengas. Si crees tener que dividirla, te sugiero que agregues al menos una actividad experimental por clase.

 **LA CONCLUSIÓN** muchas veces consiste en un repaso general de todos los principios; otras veces, consiste en englobar todos los principios en una "solución". Pero siempre es importante concluir con una idea en mente. Si puedes resumirla en una sola frase será aún mejor.

 **EL CIERRE** se usa de diferentes maneras; a veces puede ser una actividad o una oración. Puedes agregarle lo que tú quieras. Dependiendo del tiempo que tengas, puedes hacer grupos pequeños para repasar los principios, puedes entregarle a cada uno un cartoncito con los principios escritos o puedes terminar compartiendo algunos refrescos, pero nunca olvides de bendecirlos y de orar por ellos.

4. CONSIDERA OTRAS IDEAS

- Aunque en las lecciones no se lo mencione, es útil apelar a todos los sentidos de nuestros alumnos, por lo que pide ayuda a tu equipo o a alguno de los mismos alumnos para que te ayuden a ambientar el salón, a seleccionar música que tenga que ver con el tema o a buscar clips de películas que demuestren el principio que estás queriendo enseñar. Usa tu creatividad y el talento de quienes están a tu alrededor y no intentes hacer todo tú solo, porque si no serás el único que aprenda y se desarrolle. Involucrar a muchas personas hace surgir líderes y crea un sentido de pertenencia.

- Durante la semana, en medio del desarrollo de las lecciones, puedes recordarles a tus alumnos el versículo clave o los principios aprendidos utilizando alguno de los medios de comunicación que esté a su alcance, para así mantenerlos pensando acerca del tema. Quizás puedas agregar también una pregunta o frase que los ayude a reflexionar.

5. UTILIZA LAS *REFLEXIONES*

Al final de cada lección encontrarás una guía de preguntas para la reflexión personal; puedes copiarlas y repartirlas a tus alumnos o enviarlas durante la semana por algún medio de comunicación personal.

Puedes usarlas para iniciar conversaciones privadas fuera de la clase o para compartir algunas experiencias en el grupo.

Piensa en hacer grupos separados de chicas y chicos para compartir ciertas respuestas, o dispone de momentos en que los líderes puedan charlar por separado con cada uno de los alumnos de un mismo género. Sé sensible a la apertura y a la privacidad con cada uno de ellos, y no dejes pasar la oportunidad de usar este recurso.

No te desanimes si desde el principio las cosas no funcionan como lo imaginaste; sigue adelante proveyendo de espacios donde los alumnos puedan abrirse y compartir cuando así lo necesiten.

Siéntete a gusto y permítete ser vulnerable, para poder compartir así tus propias experiencias con los alumnos y con tu equipo de líderes en sus distintos niveles de madurez.

6. HAZNOS PARTE

Nos encantaría y nos sería muy útil poder conocer los resultados que obtienes con estas lecciones, así como que compartas con nosotros las características de tu grupo, qué cosas funcionaron bien y qué otras tuviste que modificar. También nos gustaría recibir alguna foto de tu grupo o que nos envíes un tag de tus redes sociales con fotos de las lecciones.

Siempre puedes escribirnos a info@e625.com con tus comentarios.

¡Aprendamos juntos!

MISERICORDIA

01

HESED

LA MANERA EN LA QUE DIOS AMA

PIERRE TEILHARD DE CHARD

LLEGARÁ EL DÍA EN QUE DESPUÉS DE APROVECHAR EL ESPACIO, LOS VIENTOS, LAS MAREAS Y LA GRAVEDAD, APROVECHAREMOS PARA DIOS LAS ENERGÍAS DEL AMOR. Y ESE DÍA POR SEGUNDA VEZ EN LA HISTORIA DEL MUNDO, HABREMOS DESCUBIERTO EL FUEGO.

HESED

La manera en la que Dios ama

VERSÍCULOS CLAVE

Porque misericordia quiero, y no sacrificio, y conocimiento de Dios más que holocaustos. (Oseas 6:6 - RVR1960)

LA INTRODUCCIÓN

Todos hemos experimentado el amor de diferentes maneras: en la iglesia escuchamos que Dios nos ama, en la tele escuchamos del amor romántico y pasional y en las canciones seculares escuchamos declaraciones de todo tipo que supuestamente nos hablan de amor. Pero, ¿qué forma tiene realmente el amor?

La política lo define como un derecho, la biología como un instinto y los neurólogos como química; algunos afirman que el amor es ciego, otros que es a primera vista e incluso algunos dicen que el amor lo justifica todo.

IDEA

Pregunta a varias personas en la calle (de diferentes edades y situaciones sociales) lo siguiente:

- ¿Qué es el amor?

- ¿Cómo se representa?

- ¿Cómo sabes que alguien te ama?

Graba sus respuestas y luego compártelas con tus alumnos en la clase.

> **VARIANTE:** *si no puedes hacer un video, pídeles a tus alumnos que escriban en un papelito solo una palabra que represente para ellos «amar» y luego escribe las respuestas en la pizarra o en una cartulina para que todos puedan verlas (si algunas se repiten, hazle una pequeña marca al costado de cada una). Puedes también hacer ambas cosas: primero pídeles que escriban en los papelitos, luego muéstrales el video y para finalizar muéstrales las respuestas; así podrán ver las diferencias o similitudes con las respuestas del video.*

Honestamente, es fácil sentirse confundido con tantas definiciones sobre lo que significa amar, y con tantas definiciones que a veces resultan contradictorias. Y mientras esta palabra se queda sin una definición definitiva, nuestro mundo experimenta una terrible escasez de amantes.

Hay algunos que se ponen tensos con tan solo oír el sonido de la palabra «amantes». ¿Te has dado cuenta de que esta preciosa palabra se ha distorsionado de tal manera que ha llegado a convertirse en algo terrible? En nuestra cultura actual, un amante es aquella persona que mantiene una relación romántica con otra que está casada, una relación secreta con énfasis en obtener placer, es decir, la palabra «amante» se ha convertido en sinónimo de adulterio, mentiras y traición, en una palabra que deja tras de sí el rastro de un matrimonio destruido, de hijos con odio y hasta del aborto de embarazos no planeados.

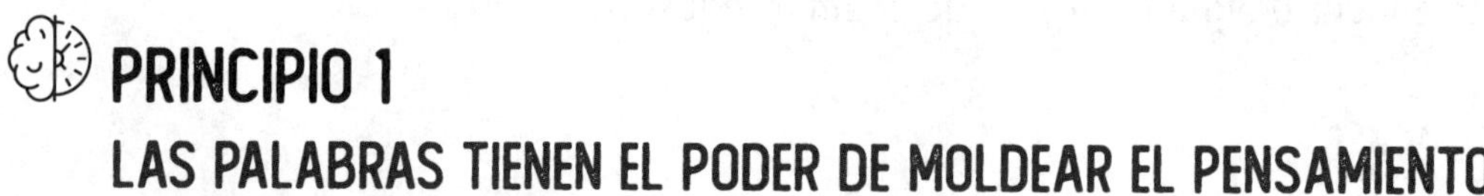 PRINCIPIO 1
LAS PALABRAS TIENEN EL PODER DE MOLDEAR EL PENSAMIENTO

 ACTIVIDAD

EL DICCIONARIO

Para experimentar el significado del poder de las palabras, vamos a hacer una prueba con un juego antiguo pero muy divertido.

Para evitar que tengas que llevar contigo una enciclopedia o ese diccionario de tu abuela, lleva a tu clase cinco o seis palabras ya escogidas e impresas por separado junto con sus definiciones oficiales (pero sin mostrarlas).

Divide al grupo en subgrupos. Presenta las palabras una a la vez para que cada grupo, haciendo uso de su imaginación (no de la web) y de un vocabulario muy «diccionaresco» invente el significado de cada palabra y lo escriba en un papel. Luego se recogerán las definiciones escritas y el líder deberá leer en voz alta todas las que se entregaron junto con la oficial; al terminar de leerlas a todas, los grupos deberán votar cuál definición les parece que es la verdadera, y el grupo que adivine la correcta ganará un punto. Si un grupo vota la definición inventada por otro grupo, el grupo que la inventó obtiene un punto también. Por esto, es importante que las definiciones se redacten lo más parecidas posible a como aparecen en un diccionario, para así poder ganarse el voto de los demás grupos. Ten en cuenta escoger palabras inusuales pero que se parezcan o suenen a algo conocido.

Algunos ejemplos, todos tomados del diccionario de la RAE (Real Academia Española - www.rae.es):

Uebos. Del lat. *opus*. Necesidad, cosa necesaria.

Mondo / Monda. Del lat. *mundus*. Limpio y libre de cosas añadidas o superfluas. Sin añadidura alguna.

Cagaprisas. Persona impaciente, que siempre tiene prisa.

Cultipicaño. Culto y picaresco conjuntamente.

Trapalón / Trapalona. Persona que habla mucho y sin sustancia. Persona embustera.

Dromomanía. Inclinación excesiva u obsesión patológica por trasladarse de un lugar a otro.

Quizás algunas palabras te dieron risa o te espantaron, pero justamente es ese el poder que tienen las palabras, y especialmente el significado que cada uno les da según nuestra cultura, educación y percepción. Las palabras tienen poder para moldear el pensamiento, es decir, con el cambio del lenguaje se produce un cambio en la forma de pensar. Si prestas atención al sonido de tu voz interior te darás cuenta de que siempre que razonas lo haces a través del lenguaje que has aprendido; mientras lees estas palabras impresas, el significado que crees que tienen está dibujando una idea en tu mente y el significado que tengan para ti las palabras va a condicionar tu forma de pensar.

Este es un principio espiritual revelado en la Biblia: las palabras tienen poder para crear realidades. En las primeras líneas de la Biblia descubrirás el primer atributo de la divinidad: Dios habla.

En el poema de la creación observamos que Dios creó el cosmos hablando; Dios dijo: «Sea la luz» (Gn 1:3 - RVR1960) y la luz surgió a partir de la esencia de sus palabras. Dios siguió hablando y aquello que decía era creado a través del poder de sus palabras, pero cuando Dios creó al ser humano hizo algo distinto a lo que hizo al crear todo lo demás. Dios se habló a sí mismo con un «Hagamos al hombre a nuestra imagen» (Gn 1:26 - RVR1960). De esta manera, el espíritu del hombre existió a partir de la esencia de la Trinidad. Dios es el hábitat del espíritu humano, nuestro espíritu viene de Dios y no puede sobrevivir desligado de la divinidad.

Uno de los reflejos de Dios que se le otorgó al ser humano fue el lenguaje, ese atributo que nos distingue de los animales. Nos da la capacidad de razonar e imaginar, nos da la habilidad de comunicarnos con otros seres humanos, imprimiendo ideas en las mentes de los que nos escuchan, creando definiciones de lo que es bueno o malo, justo o injusto, verdad o mentira. En definitiva, a través del don de la palabra que Dios nos ha dado creamos los conceptos que van a impulsar nuestra alma y que van a gobernar nuestro mundo.

PREGUNTAS

- ¿Qué palabras que comúnmente escuchamos construyen?
  (lluvia de ideas)

- ¿Qué palabras que comúnmente escuchamos destruyen? *(lluvia de ideas)*

- ¿Qué palabras usó Dios para crear? *(luz, sol, plantas, animales, vida, aliento, tierra)*

- ¿Qué palabras usa Satanás para destruir? *(oscuridad, mentiras, confusión, enojo, duda)*

En la primera conversación que Satanás tuvo con los hombres usó las palabras para distorsionar el pensamiento que ellos tenían acerca de quién es Dios. Manejando sutilmente las palabras que Dios había pronunciado distorsionó su significado original y les hizo creer que Dios no era confiable; literalmente, esas palabras moldearon un pensamiento tóxico en sus mentes, que terminó separándolos de Dios. Eso es lo que hizo entonces y es lo que sigue haciendo ahora: distorsionar el significado de las palabras para que dejen de significar aquello para lo cual Dios las pronunció. Por ejemplo, no se habla de aborto sino de «interrupción voluntaria del embarazo», no se habla de eutanasia sino de «muerte digna», y si alguien es infiel a su pareja se dice que fue «desleal». También he oído a entrevistados contar su versión de la historia diciendo «Esta es mi verdad».

Pero si hay una palabra que Satanás se ha encargado de distorsionar en la actualidad es la palabra *amor*. Por eso en este libro me atrevo a hacerte un desafío: devolvámosle a esa palabra su significado original, encarnándola en tu propia vida. Te desafío a que te conviertas en un «amante», pero en uno según el diseño de Dios, porque los verdaderos amantes son los que aman y el significado del amor solo puede ser determinado por aquel que lo creó: Dios mismo, Aquel que la Biblia describe como EL amor.

🧠 PRINCIPIO 2
HESED ES LA MANERA EN LA QUE DIOS NOS AMA

Hesed es una palabra hebrea que aparece cientos de veces en la Biblia. Principalmente hace referencia a la relación que Dios tiene con su pueblo pero también alude a la relación que Dios espera que en su pueblo tengan los unos con los otros. No hay una única palabra en ningún otro idioma que represente el significado de *hesed* en su totalidad. No la hay. No la busques.

Su significado es tan profundo y rico que los traductores han tenido serios problemas para traducirla al español, optando por traducirla de diferentes maneras a lo largo de toda la Biblia: *misericordia, ternura, fidelidad, bondad, gracia* y *pacto*. Pero lo cierto es que esta palabra significa la suma de todas esas otras palabras; *hesed* es un tipo de amor lleno de misericordia, ternura, fidelidad, bondad, gracia y pacto, es un amor que no se agota, que lucha y que persiste. *Hesed* es una palabra tan ancha, tan alta y tan profunda que puedes perderte en ella, porque *hesed* es la manera en la que Dios me ama, y no hay mayor revelación que esa para el alma.

Saber que somos amados así y entenderlo en el alma nos libera; nos libera del miedo a fracasar, a caernos o a fallar, nos libera de las cadenas de la opinión de la gente e incluso de las de mi propia opinión. Nos libera de la ansiedad por el mañana y nos hace valientes, porque quien es amado puede amar con coraje, puede dar, servir, perdonar y honrar, y realizar actos heroicos en un mundo gobernado por el egoísmo. La revelación del amor divino es para nosotros como las alas para un pájaro. ¡Qué triste es vivir arrastrándose cuando hemos sido creados para volar!

El amor que nos presenta el mundo, distorsionado por Satanás, es un amor que encadena, limita y agobia. Especialmente al hablar de amar a Dios creamos en nuestra imagen una lista interminable de cosas que debemos hacer o dejar de hacer, rituales religiosos que no producen más que aburrimiento y frustración, pero nada está más lejos que el *hesed* de Dios, de la manera en la que Dios nos ama. En la antigüedad —como ahora—, Satanás había logrado robarle el poder a ese término y lo hizo a través de algunos líderes religiosos que se llamaban «los guardianes de la palabra de Dios», pero no supieron guardarla. Y por eso Jesús, la palabra de Dios encarnada, levantó su voz para recuperar el significado que se había olvidado: «Misericordia quiero, no sacrificios» (Mt 9:13 - RVR1960), y lo dijo haciendo referencia al profeta Oseas (Os 6:6), donde *hesed* significa «misericordia».

(?) PREGUNTAS

Si regresamos a las formas posibles en que podemos traducir *hesed* (ten en algún lugar visible la lista con las palabras Misericordia – Ternura – Fidelidad – Bondad – Gracia – Pacto):

- *¿Qué querría Dios de ti* en vez de sacrificios, o qué aspecto de *hesed* querría Dios *de ti* en vez de sacrificios religiosos? *(puedes dar lugar a que respondan, que lo escriban o solo que lo piensen)*

(⊛) CONCLUSIÓN

Dios anhela que practiquemos el *hesed* los unos con los otros antes que cualquier otro asunto religioso. Si no entendemos esta prioridad de Dios, no podemos representar correctamente a Dios en este mundo.

📖 LECTURA

Pídele a uno de tus alumnos que lea Marcos 12:28-33.

¡Eso es *hesed*! Jesús fue claro: todo el mensaje divino se resume en un mandamiento que tiene dos direcciones: *amar a Dios* y *amar al prójimo*. Se trata de dos relaciones, una vertical y otra horizontal, con Dios y con las personas; no obstante, no son dos mandamientos sino uno solo, y si alguno intenta cumplir una dirección ignorando la otra, fracasa completamente.

Hesed representa la manera en la que Dios nos ama, pero además es la manera en la que Dios espera que nosotros amemos a los demás. Ese es el orden correcto, porque no puedes amar a otros con *hesed* si no eres sacudido por el *hesed* de Dios por ti.

Este mundo habla de amor, pero no se parece al *hesed*. Cuando las definiciones etimológicas fallan para definir una palabra, las historias pueden ayudarnos a dibujar su significado en nuestra mente; por eso, a través de diferentes historias de la Biblia buscaremos la respuesta a la pregunta con la que comenzó este capítulo. *Ser una persona llena de hesed es mi llamado y también el tuyo.*

 ## EL CIERRE

En oración, pidiendo a Dios que revele su *hesed* a tus alumnos para que puedan comprender cómo es que Dios nos ama a cada uno en particular, que sane el significado interno de la palabra amar y que al final de estos estudios puedan tener el conocimiento, la experiencia y la valentía para amar como Dios.

REFLEXIÓN

HESED

1. ¿Cuál es una de las maneras en que más comúnmente muestras tu amor?

2. ¿Qué imagen o recuerdo viene a tu mente al pensar en alguien que te ama?

3. ¿Qué palabras te han lastimado y te han aprisionado de una opinión?

4. ¿Qué palabras te ayudan a mantener la esperanza en alto, te animan a lograr algo o a seguir adelante?

5. Piensa en tres frases que puedas decir a las personas que están a tu alrededor; pueden ser cosas específicas para cada una o algunas generales que animen a cualquiera. Escríbelas para no olvidarlas. Te desafío a que las digas al menos una vez a alguien todos los días y escribas el resultado de la experiencia al final de la semana.

6. Piensa en las palabras que usas a diario cuando estás de mal humor, con enojo o frustración. ¿Cómo perjudican tus palabras a los demás? ¿Cómo te perjudican a ti mismo?

7. Lee Oseas 6:6 y Mateo 9:10-13. ¿De qué manera podrías reemplazar los rituales religiosos a los que estás acostumbrado con los significados de *hesed* del amor de Dios? Piensa en las cosas que hasta ahora creías que Dios te pedía que hicieras para agradarlo. ¿Cómo querría Jesús que las reemplazaras por *hesed*?

8. Lee Marcos 12:28-33. ¿Qué cosas puedes observar de ese pasaje? Haz una lista de todo lo que viene a tu mente al leerlo.

9. ¿Cómo imaginas tus relaciones personales si tú y los demás amaran como Dios nos ama? Descríbelo.

10. Conociendo ahora el amor con que Dios nos ama, ¿qué sentimiento surge en tu alma?

Que tu oración cada día sea pidiéndole a Dios que se revele en tu corazón y mente, que sane las heridas de haber sido mal amado y que ponga en ti su *hesed* para poder disfrutar plenamente de lo que él tiene para ti, sin barreras.

UNA GENEALOGÍA ESCANDALOSA

JESÚS PUEDE ESCRIBIR UN NUEVO CAPÍTULO EN TU HISTORIA

02

UNA GENEALOGÍA ESCANDALOSA

Jesús puede escribir un nuevo capítulo en tu historia

 ## VERSÍCULOS CLAVE

Estos son los antepasados de Jesucristo, descendiente de David y de Abraham: Abraham fue el padre de Isaac, Isaac de Jacob y Jacob de Judá y sus hermanos. Judá tuvo con Tamar a Fares y a Zera; [...] Booz tuvo con Rut a Obed y Obed fue el padre de Isaí. Isaí fue el padre del rey David, y David tuvo a Salomón, cuya madre fue esposa de Urías. Salomón fue el padre de Roboán [...] Jacob fue el padre de José, esposo de María, y María fue la madre de Jesús, el Mesías. (Mateo 1:1-3, 5-7, 16)

 ## LA INTRODUCCIÓN

El Nuevo Testamento comienza con una genealogía (para muchos, un aburrido listado de nombres). Es probable que te hayas saltado ese listado tan largo y tedioso o que le hayas dado un vistazo rápido hasta llegar al nacimiento de Jesús, pero en esa genealogía Dios está enviándonos un mensaje importante, y es lo que vamos a descubrir en esta lección.

💡 IDEA

Si tienes la posibilidad, habla con los padres de tus alumnos y pídeles que te envíen la foto más antigua que encuentren de la familia (de los bisabuelos, los tatarabuelos o la que sea que pueda ser una sorpresa para algunos de ellos). Si son demasiados chicos, puedes hacerlo con los familiares de los líderes de tu equipo.

Luego de mostrarlas y contar de quiénes se trata, pregunta al grupo:

- ¿Quién conoce o conoció a sus abuelos en persona?

- ¿Conocieron alguna vez a los hermanos de sus abuelos?

- ¿Alguien conoció a sus bisabuelos, aunque sea por fotos?

Deja que alguno comparta su experiencia. Probablemente algunos sabrán de dónde vienen sus antepasados, otros no tendrán idea, pero la genealogía de Jesús se eleva en la línea de María hasta Abraham según Mateo, mientras que Lucas llega hasta Adán en la línea de José (Lc 3:23-38).

Dios conecta la historia de Jesús con la historia de sus antepasados porque intenta decirnos algo. Detrás de cada nombre se esconden historias reales de gente real, y tenemos que abrazar esta genealogía tal y como es, como el testimonio honesto y sin censura de que Jesús nació en una familia desestructurada, pero con un propósito hermoso.

🧠 PRINCIPIO 1
JESÚS QUIEBRA LA MALDICIÓN DEL PASADO PARA BENDECIR EL FUTURO

En la cultura judía y en la época en que nació Jesús, el currículum era la genealogía, por lo que esta era una manera de decirle al mundo «Este soy yo». La genealogía era algo realmente importante y posicionaba a la persona socialmente, por lo que los autores quieren demostrarnos que Jesús verdaderamente era el hijo de Dios, cumplimiento de las promesas a Abraham (Gn 12:3, 13:14-15, 17:7-8), a Isaac (Gn 26:4), a Jacob (Gn 28:14) y a David (2 S 7:1-17), promesas sobre el Mesías que se cumplen en Jesús; pero también esta genealogía presenta a Jesús al mundo con una historia llena de episodios oscuros y hasta vergonzosos que otros quisieran esconder.

A continuación, te muestro una lista de personas (solo son algunos ejemplos) que supuestamente fracasaron estrepitosamente en sus relaciones interpersonales y que fracasaron en el arte del amor:

- Jesús fue hijo de Abraham, quien por cobardía entregó a su esposa Sara a un gobernante pagano, haciéndola pasar por su hermana para no poner en riesgo su propia vida.

- Jesús fue hijo de Jacob, quien usurpó la bendición de primogenitura a su hermano Esaú, engañando a su padre ciego al hacerse pasar por su hermano.

- Jesús fue hijo de Lea, ignorada por un marido que se sintió presionado a casarse con ella y cuyo corazón le pertenecía a su hermana Raquel.

- Jesús fue hijo de Judá, que participó con sus hermanos en la venta de José como esclavo a los egipcios, haciéndole creer a su padre que una bestia salvaje lo había devorado.

- Jesús fue hijo de Fares, que fue producto de un incesto de Tamar con su suegro.

- Jesús fue hijo de Rahab, una prostituta.

- Jesús fue hijo de David, quien se obsesionó con Betsabé —esposa de uno de sus amigos—, se acostó con ella y la dejó embarazada, asesinando luego a su esposo para ocultarlo.

- Jesús fue hijo de Salomón, quien seducido por el placer tuvo cientos de esposas paganas que terminaron inclinando su corazón a la idolatría de dioses falsos.

Esta genealogía apunta a una historia familiar llena de incidentes, traiciones e inmoralidades, siendo esto tan escandaloso que cualquiera hubiera querido ocultarlo en favor de su imagen personal. Pero no es así con Jesús; a él no le importa ser presentando con una genealogía llena de personas que fracasaron en sus relaciones humanas y que no aprobaron la asignatura del amor, porque con ella Jesús está transmitiéndonos un mensaje de esperanza a todos aquellos que hemos fallado de alguna manera en nuestras relaciones humanas, que no hemos estado a la altura de las demandas del amor verdadero. Nos dice: «Soy hijo de Dios, pero también soy hijo de una humanidad que ha fracasado en sus relaciones como padres, esposos, hijos y hermanos. Puedo identificarme con cada uno de sus traumas, sentir lo que siente una mujer violada, un hijo no deseado o un padre engañado. Soy Dios, pero me he metido dentro de una piel humana para sentirlos, para experimentarlos y para sufrirlos».

Jesús nació en una familia humana rota por el pecado para redimirlo todo. ¡Y eso es lo que quiere hacer contigo! Él puede quebrar la maldición de tu pasado y bendecir tu futuro, porque cuando Jesús nace en una relación, aunque esté en ruinas, él puede reconstruirla: su amor perfecto todo lo hace nuevo.

La lectura del comienzo sobre el Evangelio de Mateo ahora tiene más sentido porque, al igual que en un mosaico, cada pieza singular dibuja una imagen más grande, y estos nombres dibujan un nombre que está sobre todo nombre: el nombre de Jesús.

El leer la Biblia como un todo pone en evidencia dos realidades: por una parte, revela nuestra insuficiencia para amar y cómo fracasamos constantemente ante los desafíos que se nos presentan a la hora de amar al prójimo; y por otra parte, descubre a Jesús como el perfecto amante, capaz de llevar la expresión del amor a su máximo potencial, desplegando ante nosotros una extensa gama de matices de lo que significa amar a los demás.

Aunque la Biblia habla de una historia de amor, no se trata de un cuento sentimentalista, sino que expone la belleza y la crudeza del amor verdadero; porque en este relato, *amor* se escribe como *sacrificio*, con letras rojas empapadas en sangre, porque el protagonista de este libro se atrevió a amarnos hasta las últimas consecuencias. No he conocido un amor más valiente que ese.

PRINCIPIO 2
A JESÚS LE DOLIÓ AMARNOS

LECTURA

LUCAS 22:41-44

Miles de años antes, en un huerto, un hombre llamado Adán decidió cruzar un límite que Dios había establecido en su relación con él. El resultado fue una ruptura que nos afectó a todos y para siempre. La primera historia de cómo una mala decisión puede destruir la relación más importante para toda una genealogía. Pero esa noche, en otro huerto, un hombre llamado Jesús iba a decidir si esa relación merecía todo el dolor que implicaba salvarla. Jesús ganó la batalla por nuestra salvación en la cruz, es cierto, pero su sacrificio en la cruz fue el resultado externo de una batalla interna que ya había ganado en Getsemaní.

PREGUNTAS

Para responder las siguientes preguntas puedes dar unos minutos de reflexión personal con la posibilidad de que puedan escribir palabras o toda su historia en un papel. No será necesario compartirla, aunque puedes dejarlo abierto como posibilidad de darle el papel a un amigo o líder.

- ¿Puedes identificar una batalla similar que comenzó en tu mente?

- ¿Alguien tomó una muy mala decisión que trae o trajo consecuencias graves en tu vida?

- ¿Tomaste tú una decisión que rompió relaciones importantes?

- Getsemaní es ese conflicto en tu mente que hace cuestionarte: ¿merece la pena sufrir el dolor que implica salvar esta relación?

Dios no espera que amemos a los demás impulsados por el poder de nuestro amor sino impulsados por el poder del amor de Jesús actuando a través de nosotros. Esta es una promesa: Dios promete hacer morar el Espíritu Santo en nosotros para convertirnos en amantes como él, y es a través de ese Espíritu que nos da poder para amar cuando parece imposible.

No podemos amar como Jesús confiando en nuestras propias fuerzas, solo podemos amar como Jesús si él nace en nosotros; aun los mejores esfuerzos y las más nobles intenciones serán insuficientes para una tarea tan grande como amar como Jesús lo hizo.

Es necesario admitir que, si Jesús no nace en nosotros, no hay redención para nuestro historial de fracasos; si Jesús no nace en nosotros, nuestras insuficiencias añadirán un bochornoso capítulo más a nuestra genealogía familiar. Pero si Jesús está dentro de ti, su amor es capaz de impulsarte a hacer grandes proezas, hazañas dignas de ser admiradas en medio de un mundo que no sabe amar, actos heroicos como perdonar a un enemigo, ser fiel a tu cónyuge hasta la muerte, honrar a tus padres imperfectos o sacrificarte por el beneficio de otro. Me refiero a esas acciones excepcionales que, en un mundo acostumbrado al egoísmo, harán que las personas puedan intuir algo divino en tu forma de amar.

 **ACTIVIDAD**

PRÁCTICA DE ROLES – VISUALIZANDO EL AMOR DE DIOS

Pide de entre tus alumnos seis voluntarios que actúen por un par de minutos los roles de los siguientes casos:

CASO 1:

a) Padre borracho, golpeador, de palabras ofensivas, egoísta, con mucha frustración y sin esperanza discutiendo con un hijo con odio o bronca.

b) Misma situación, pero con el hijo respondiendo a su padre amándolo como Dios ama.

CASO 2:

a) Una pareja de novios que no quieren casarse porque todos en su familia se han divorciado y no creen que el casamiento signifique algo importante.

b) Una pareja de novios que tienen miedos pero que desean comprometerse por el resto de sus vidas, planeando con el corazón pero también con la mente el éxito de su matrimonio, aun en momentos difíciles, amando como Dios ama.

CASO 3:

a) Dos amigos que se traicionan y que creen que no podrán confiar nunca más en nadie, y no dispuestos a perdonar al otro.

b) La misma situación, pero buscando y otorgando el perdón, en la duda y en el dolor, amando como Dios ama.

Nota: *piensa en situaciones reales y utilízalas con sensibilidad. Busca los voluntarios con anticipación y dales tiempo para que piensen en ideas que logren recrear un escenario realista, que sirva para que los demás puedan realmente visualizar cómo es pasar por el Getsemaní, y que además les permita tener presente que la situación b no es fácil, es más difícil aun que la a. Quizás necesites hablar de estas situaciones con el resto del equipo y prepararlo con los líderes para que sea más efectiva la actividad.*

 CONCLUSIÓN

Si te propones amar como Jesús lo hizo, ayudado por el espíritu de Cristo en ti, no tendrás más remedio que sufrir tus propios Getsemaní. Podrás decir: «¿Y si no siento amar de esa manera?». ¿Quién ha hablado de sentimientos? El amor no puede ser simplemente un sentimiento porque no se puede dar una orden a un sentimiento, y Dios nos da la orden de amar como él ama. Amar es una acción, y si es una acción tenemos poder para decidir hacerla o no.

Créeme: aunque amar no siempre te guste, aunque no siempre sientas hacerlo, es una acción tan poderosa que puede transformarte y transformarlo todo a tu alrededor. No existe una encomienda más grandiosa y que dé más sentido al ser humano que amar de verdad, aunque esto suponga grandes sacrificios, porque fuiste creado para esto.

De eso se trata la serie *Amar es para valientes*, de dejar que el amor salvaje de Dios te posea, de permitir que el amor de Dios se exprese a través de ti; de amar peligrosamente, de ser un amante.

EL CIERRE

Oren unos por otros, entre amigos, o los líderes por sus chicos. Que el pedido sea que Jesús nazca en nosotros para darnos vida eterna y para ganar la batalla del Getsemaní en la mente y el corazón, y así triunfar en la cruz de cada día.

REFLEXIÓN

UNA GENEALOGÍA ESCANDALOSA

1. ¿Hasta dónde puedes recordar a tus antepasados? Si te animas, pregunta a tus familiares para ver hasta dónde puedes llegar armando un árbol genealógico.

2. Cuando piensas en tus familiares, ¿cómo te identificas con los familiares de Jesús?

3. Lee nuevamente Mateo 1:1-3, 5-7, 16 y Lucas 3:23-38. ¿Qué personajes puedes identificar? Busca *online* la genealogía de Jesús y lee algunos comentarios bíblicos al respecto. Toma nota de lo que te llame la atención.

4. ¿Qué malas situaciones necesitas pedirle a Dios que quiebre en tu historia familiar? (enfermedades, divorcios, peleas, traiciones, etc.) Luego de identificarlas, pídele a Dios que limpie tu historia con la sangre de Jesús derramada para escribir una nueva genealogía de bendición.

5. Lee Lucas 22:41-44, Marcos 14:32-42 y Mateo 26:36-46. Son el relato de Jesús en el Getsemaní. ¿Por qué crees que Jesús se sentía tan angustiado? ¿Qué cosas que pueden apreciarse en el relato han hecho que Jesús se sienta aún peor?

6. ¿Por qué crees que Jesús prosiguió hacia la cruz sabiendo lo que le esperaba?

7. ¿Cuáles son tus batallas de Getsemaní en este momento? ¿Qué o quiénes están haciéndote sufrir grandemente? Escríbelo en un papel.

8. ¿Por qué es importante ganar la batalla en tu mente y corazón? ¿Puedes visualizar una situación restaurada por Dios? Aun si no la ves hoy, comienza a creer que Dios puede transformar todo sufrimiento en una victoria e intenta cada día ver en tu corazón una relación restaurada por el poder de Cristo, para que en los momentos difíciles puedas actuar con el amor con que Dios ama.

9. Al leer la frase «El amor no puede ser simplemente un sentimiento porque no se puede dar una orden a un sentimiento, y Dios nos da la orden de amar como él ama. Amar es una acción, y si es una acción tenemos el poder para decidir hacerla o no», ¿cuál es tu respuesta?

10. Lee Marcos 10:32-34 (o Mt 20:17-19 o Lc 18:31-33), y lee también Marcos 8:31-9:1 (o Mt 16:21-28 o Lc 9:22-27). Jesús sabía bien lo que le esperaba, pero siguió adelante aun cuando tenía tanto terror que sudaba gotas de sangre. Jesús no se bajó de la cruz, él sabía bien cuál era su propósito. Si te hubieran dicho que tenías que sufrir lo que sufres hoy para amar como Dios ama y salvar la vida de las personas a tu alrededor, ¿cuál habría sido tu decisión? ¿Cómo te ayuda saber que Jesús sufrió aún más para darte el poder del Espíritu Santo con el que enfrentar tu dolor?

Que tu oración cada día sea para lograr desarmar tu corazón ante Dios y restaurarlo con su poder.

03

PIEL CON PIEL

PIEL

NADIE ES UNA ISLA POR COMPLETO EN SÍ MISMO; CADA HOMBRE ES UN PEDAZO DE UN CONTINENTE, UNA PARTE DE LA TIERRA. LA MUERTE DE CUALQUIER HOMBRE ME DISMINUYE, PORQUE ESTOY LIGADO A LA HUMANIDAD; Y, POR TANTO, NUNCA PREGUNTES POR QUIÉN DOBLAN LAS CAMPANAS, DOBLAN POR TI.

JOHN DONNE

LA CONEXIÓN ES CUESTIÓN DE SUPERVIVENCIA

LECCIÓN 3
PIEL CON PIEL

La conexión es cuestión de supervivencia

✍ VERSÍCULOS CLAVE

Dios el Señor dijo: «No es bueno que el hombre esté solo. Le voy a hacer una compañera que sea de ayuda para él en todas sus necesidades». Dios el Señor formó, del polvo de la tierra, todos los animales del campo y todas las aves del cielo. Luego se los llevó al hombre para que este les pusiera nombre. Así que el hombre les puso a todos los animales el nombre con que se conocen en la actualidad. Pero entre todos esos animales no se encontró ninguno que le sirviera al hombre de pareja adecuada.

Entonces Dios el Señor hizo que cayera sobre el hombre un sueño profundo, le sacó una costilla y cerró la carne en el lugar de donde la había sacado. Con la costilla hizo a la mujer y se la llevó al hombre. (Génesis 2:18-22 NBV)

🔍 INTRODUCCIÓN

Los primeros capítulos de la Biblia describen el momento en el que Dios desplegó todo su poder creativo. Dios dijo, y de la nada fue hecho: espacio, tiempo y materia surgieron de la palabra de Dios.

De esa esencia está hecha cada partícula del universo, del sonido de la voz de Dios, sea lo que sea que eso signifique. En la lectura del texto bíblico podemos observar cómo Dios avanza hacia niveles más complejos —desde la energía a la materia, desde los minerales a la vida orgánica, desde los vegetales a los animales— incrementándose la complejidad de su creación, que comienza estando desordenada y vacía hasta convertirse en algo perfectamente estructurado y lleno de vida.

El poema de la creación concluye con una preciosa imagen de Dios creando al ser humano. Dios metió su mano en el polvo de la tierra y se involucró de una manera especial en el diseño del ser humano. Me gusta pensar que se manchó las manos al crearnos a nosotros, como un alfarero se mancha cuando da forma al barro sobre el torno.

 IDEA

¡ALFAREROS!

Reparte a todos tus alumnos un pedazo de masilla (plastilina, arcilla, plastelina, plasticina o como la llamen en tu país) y algún material para moldear. Dales unos minutos y pídeles que formen una criatura: cualquiera que sea, como sea, pero que tenga algo que se parezca a cada uno de ellos, a su creador. Luego pídeles que lo coloquen en una mesa en exposición y que traten de descubrir a quiénes pertenecen las otras obras. Si tienes demasiados alumnos, puedes preparar de antemano algunas «criaturas» que se parezcan a los líderes o a algunos de los chicos (y siempre debes ser muy sensible a que nadie se sienta burlado).

 PRINCIPIO 1
TODOS NECESITAMOS RELACIONES SIGNIFICATIVAS

LECTURA

GÉNESIS 2:7

Cuando la Biblia dice que Dios formó nuestro cuerpo a partir del polvo de la tierra, con base en la explicación anterior, lo hizo usando los elementos que se forjaron dentro del horno de las estrellas y que fueron liberados cuando estas explotaron. ¡Estás hecho de polvo de estrellas!

Pero somos más que materia: Dios mismo sopló su aliento de vida dentro de ese trozo de barro y puso dentro *su* espíritu. La divinidad depositó una parte de sí misma en nosotros que anhela conectarse con Dios, porque de esa manera nos creó Dios, para estar conectados con el universo y estar conectados con la divinidad.

La conexión con Dios es una necesidad vital para los seres humanos, pero, aunque pueda sonar escandaloso (o casi herético), Dios nos ha creado con otra necesidad fundamental que ni siquiera él mismo puede satisfacer: la necesidad de conexión con otros seres humanos. No es que Dios esté limitado en su poder o que no pueda hacer lo que él quiera, sino que el diseño que nos ha dado así lo requiere. Y Dios está en paz con eso.

Es interesante notar en el texto de Génesis que siempre que Dios progresaba en su creación, la Biblia dice: «¡y vio que era muy bueno!» (Gn 1:31 - NTV), y sin embargo, al crear a Adán dijo: «No es bueno que el hombre esté solo. Haré una ayuda ideal para él». (Gn 2:18 - NTV).

Parece que lo único que no era bueno en el paraíso era la soledad de Adán. Dios creó a Adán con la necesidad de compañerismo, de conectarse con otros seres humanos, por eso los hombres anhelamos conexiones verdaderas, estamos desesperados por intimidad, creados con la necesidad de tener comunidad, de relacionarnos con otros pares. Cuando falta esta conexión no logramos sacarnos la sensación de estar incompletos, vacíos. La soledad no era buena para Adán y no es buena para ti.

 **ACTIVIDAD**

ENCUENTROS CERCANOS DEL QUINTO TIPO

Coloca dos filas de sillas enfrentadas (la misma cantidad de cada lado), una será la fila A y la otra será la B. Si tu grupo es par, uno de los líderes debe jugar. Pídeles a todos que se sienten en una silla, casi tocándose las rodillas con el que está enfrente, pero la silla del medio de una de las filas debe quedar vacía. Puedes colocar en ella un muñeco, o una carita, para que todos sepan que allí no se deben sentar nunca. Cuando des la señal, todos deben moverse una silla hacia la derecha, y con la persona con la que se encuentren enfrentados deberán responder una pregunta. Las personas en la fila A formularán la pregunta primero, y las personas en la fila B responderán y luego formularán una nueva pregunta. Por ejemplo: Fila A: "¿Qué materia te gusta más de la escuela?". Fila B responde. Fila B: "¿Tienes una mascota?". Fila A responde. Suena nuevamente la señal, todos se corren una silla a la derecha, saltando la silla vacía y sigues con otra pregunta. El que está enfrente de la silla vacía no habla con nadie... Dependiendo de la madurez de tus alumnos, puedes crear una lista de posibles preguntas en un papel para ayudar con la agilidad del juego. Tienen dos minutos para hacer y responder las preguntas, luego el líder dirá «Derecha» y todos se correrán a la derecha. Si tu grupo es muy grande, puedes dividirlos en grupos de diez. Puedes jugar hasta que se logre la vuelta completa, que pasen varias vueltas si son pocos o simplemente determinar una cantidad de preguntas para poner punto final. La persona que se enfrenta a la silla vacía simplemente queda en silencio; no necesitas dar instrucciones al respecto. La idea es experimentar la sensación de quedar fuera, solo, desconectado.

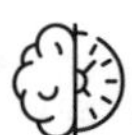 PRINCIPIO 2

ESTAR RODEADO DE PERSONAS NO SIGNIFICA ESTAR CONECTADOS

Es probable que algunos necesiten más que otros el estar conectados, charlar o pasar tiempo con otras personas, mientras que otros aprecien la soledad, pero en toda alma hay una necesidad de tener —muchas o pocas— conexiones significativas. Está comprobado que detrás de cada embarazo sorpresa de una adolescente hay un alma desesperada por conectar con alguien, detrás de cada acto estúpido de un joven en presencia de sus amigos hay un alma desesperada por conectar con un grupo social, y que incluso detrás de cada conflicto entre hijos y padres hay un alma desesperada por conectar con una autoridad. Todos ellos están intentando conectar, pero de la manera equivocada.

Todos nosotros anhelamos conectarnos con otros, aunque muchas veces no sabemos cómo y terminamos haciéndolo de la manera equivocada; aun es posible estar rodeado de personas pero aislado por dentro; es posible sentirte solo, aunque parezcas estar acompañado. Aunque vivimos en la era de las redes sociales, aunque estamos más conectados virtualmente, nos sentimos más solos que nunca. Aunque el uso de la red es fundamentalmente para comunicarnos, provoca una disminución en nuestra comunicación familiar, un empequeñecimiento de nuestros círculos sociales y un incremento de la depresión y la ansiedad en nuestras vidas. Esta generación está perdiéndose el valor de la tribu, de la comunidad o de la familia, esos vínculos sociales tan preciados que son el mecanismo diseñado por Dios para construir nuestra identidad, y que está sustituyéndose por un individualismo enfermizo.

 CONCLUSIÓN

La historia del Evangelio trata de cómo Dios nos salvó de la soledad eterna. Fuimos creados para sentirnos completos mientras permanecíamos conectados con Dios y conectados con otros seres humanos, pero elegimos comer una fruta, elegimos cruzar el límite, nos rebelamos y la consecuencia fue la desconexión. El pecado se convirtió en el cubículo de aislamiento para todos los hijos de Adán y comenzamos a enloquecer.

Jesús fue a morir a la cruz para reconectar lo que Adán había desconectado, pero para hacerlo tuvo que enfrentar la tortura más grande: quedarse solo, aterradoramente solo. La mayor tortura que experimentó Jesús en la cruz no fue el látigo ni la corona de espinas, ni siquiera fueron los clavos; la mayor tortura que experimentó Jesús en la cruz fue desconectarse de la Trinidad, aislarse de Dios por primera y única vez en toda la eternidad.

«Dios mío, Dios mío, ¿por qué me has desamparado?». (Mateo 27:46)

Ese fue el grito agónico de Jesús en la cruz en el momento en que cargó con el pecado de toda la humanidad, y el Dios santo —que no tiene relación con el pecado— se desconectó de Jesús en la cruz. Lo dejó solo. ¿Puedes intuir tan solo un poco del terror que experimentó aquel que siempre formó parte de la Trinidad cuando fue desconectado? ¿Puedes hacerte una idea del dolor que significó quedarse solo para aquel que siempre estuvo unido a Dios?

Porque si hay una buena definición del infierno, probablemente sea esta: *ausencia absoluta de Dios*. El infierno es la soledad eterna, y Jesús la experimentó en esa cruz por ti. Jesús clavado en esa cruz soportando el dolor de la soledad fue la esperanza de recuperar una relación contigo; por eso, no te dejes engañar por tus sentimientos, porque ya no estás solo.

 EL CIERRE

Termina orando por tus alumnos, rompiendo con los sentimientos de soledad o de aislamiento. Bendice sus relaciones, sus amistades y sus compañeros de batalla.

También puedes comenzar a implementar formas de comunicación y espacios de encuentro fuera de la iglesia; juegos y actividades especiales ayudan a que se formen lazos de amistades significativas. No necesariamente debes estar presente en todo sino facilitar los espacios para las conexiones.

REFLEXIÓN
PIEL CON PIEL

1. Lee Génesis 2:7. ¿Por qué crees que Dios creó al hombre de una manera diferente que al resto de la creación?

2. ¿Cómo te sientes al pensar que tienes el aliento de Dios en tu ser?

3. En Génesis 1:31 dice que Dios vio que todo era ____ _______, pero en Génesis 2:18 dice que NO era _______ que el hombre _________ _________. ¿Por qué crees que el hombre estaría incompleto sin compañía?

4. ¿De qué diferentes maneras te conectas con tus amigos, familiares, compañeros?

5. ¿En qué momentos y cómo disfrutas de la soledad?

6. ¿Quiénes son tus amigos superficiales y quiénes tus amistades significativas?

7. ¿Qué puedes hacer para establecer lazos más profundos con aquellas personas que crees que pueden llegar a ser amigos verdaderos?

8. El autor dice: «Fuimos creados para sentirnos completos mientras permanecíamos conectados con Dios y conectados con otros seres humanos». ¿Con quiénes puedes conectarte profundamente y a la vez te ayudan a mantenerte conectado con Dios? Si no lo sabes, busca estas personas e invierte tiempo en desarrollar una amistad. Haz una lista a continuación y comienza orando por ellas.

9. ¿Cuándo te has sentido desconectado de una o ambas relaciones? ¿Puedes identificar los momentos en que más solo te has sentido?

10. El infierno no es el pago del pecado sino la desconexión absoluta de nuestro creador. Lee Juan 15:5-11: ¿por qué crees que Jesús dice que separados de él nada podemos hacer? ¿Y qué querrá decir que si permanecemos en él es para que nuestro gozo sea cumplido?

Escribe todos tus pensamientos respecto al tema. Comparte con tu líder las preguntas que te surjan y las verdades que el Espíritu Santo esté revelándote.

VERGÜENZA Y APARIENCIA

04

SOLO PODRÁS
CONECTAR DE VERDAD
CUANDO TE DESNUDES

LECCIÓN 4
VERGÜENZA Y APARIENCIA

Solo podrás conectar de verdad cuando te desnudes

 VERSÍCULOS CLAVE

[...] Tan pronto lo comieron, se dieron cuenta de que estaban desnudos y sintieron vergüenza. (Génesis 2:25, 3:1-5, 7-11, NBV – Leer todos los pasajes)

INTRODUCCIÓN

Así es como comienzan todos los desastres en nuestra vida: teniendo una conversación con la serpiente. Lo que comenzó con una pregunta aparentemente inocente terminó convirtiéndose en una rebelión. La serpiente no dijo, la serpiente insinuó; plantó la semilla de la duda en la mente de Eva, y cuando Satanás logra sembrar una de sus semillas en tu mente tiene un mecanismo de control sobre ti.

Eva lo creyó, Adán lo creyó, y en ese momento ocurrió algo que marcaría a todos sus hijos hasta el día de hoy: la vergüenza por su desnudez. Antes de pecar estaban vestidos de luz, cubiertos con la gloria divina que literalmente irradiaba sobre ellos, pero al desconectarse de Dios, la fuente de su luz, quedaron desvestidos de su brillo, totalmente desnudos. Brillaban mientras estaban enchufados a la fuente de la luz divina, pero cuando se desenchufaron se vieron desnudos y quisieron esconderse.

La pregunta es: ¿de quién estaban escondiéndose?

 IDEA

Divide a tu grupo en chicas y chicos (si son muchos, forma varios grupos de cinco o seis personas). La consigna es inventar a una persona ficticia, hombre o mujer, con nombre y apellido, que debe ser mayor de edad, tener una profesión, una familia y amigos, y vivir la vida que se les ocurra. Deben dejar ver a todos los participantes las características de su personalidad, sus intereses y tendencias. Puedes intentar que lo hagan en una red social común a todos —digamos Facebook— o puedes llevar muchas revistas, colores, tijeras y pegamento para que armen un «muro» de redes sociales con figuras y cosas que encuentren en ellas. Pídeles que cada participante trabaje un aspecto diferente de la personalidad del personaje, para que el muro se haga más rápidamente. Luego cuelga cada muro para que todos puedan ver lo que hicieron los demás.

PRINCIPIO 1
LA VERGÜENZA NOS HACE CREER QUE NO SOMOS DIGNOS

Fuimos creados con la necesidad fundamental de sentirnos conectados con otros seres humanos, pero el mayor obstáculo para alcanzar esa conexión tan anhelada es la vergüenza. Nuestra vergüenza es el mayor impedimento para lograr intimidad con los que nos rodean.

Suele confundirse la culpa con la vergüenza creyendo que son lo mismo, pero no lo son: la culpa es el dolor que sentimos por algo que hemos hecho, mientras que la vergüenza es el dolor que sentimos por algo que creemos que somos. En eso radica su diferencia: la primera está ligada al comportamiento, pero la segunda está ligada a la identidad. La vergüenza nos hace pensar: «Hay algo en mí que está mal, algo que está equivocado, y si los demás lo descubriesen no querrían tener relación conmigo»; nos hace creer que no somos dignos de tener conexión con otros porque somos un error.

Cuando Dios salió a su encuentro le preguntó a Adán: «*¿Dónde estás?*» (Gn 3:9), no porque no supiera dónde estaba sino porque era Adán el que no sabía dónde estaba. Dios quiso mostrarle a Adán que la vergüenza que sentía estaba relacionada a la voz que había escuchado, y por eso le preguntó: «*¿Quién te dijo que estás desnudo?*» (Gn 3:11), porque la vergüenza siempre surge al escuchar y creerle a una voz equivocada. Dios le pregunta:

¿A qué voz has escuchado y has creído?

¿A qué voz le has dado permiso para penetrar en tu alma?

¿A qué voz le has dado autoridad para definirte?

La habilidad de Satanás para boicotear el plan de Dios en nuestra vida se encuentra en el engaño, y cuando crees en una mentira le das poder sobre ti al mentiroso; sus palabras parecen verdaderas pero esconden mentiras mortíferas que logran penetrar hasta el alma, allí donde se encuentra tu identidad, y se hacen parte de tu ser haciendo nacer la vergüenza.

¿No está acaso ligada la vergüenza con la idea que tienes acerca de ti mismo, y esa percepción es producto de una mentira tan arraigada en tu alma que parece que es tu alma misma? ¿Puede ser que el eco de la voz de la serpiente resonara alguna vez a través de la boca de tu padre, de una profesora, de un esposo o de cualquier otra persona influyente en tu vida?

⊘ PREGUNTAS

- En una frase, ¿puedes mencionar o compartir alguna mentira que Satanás trató de susurrarte al oído?

NOTA: *sé sensible y ten en cuenta que quizás no quieran hablar, por lo que puedes tener de antemano un ejemplo personal preparado. Tampoco dejes que hablen demasiado al respecto, solo se necesita una frase afirmando el principio que quiere comprobarse.*

En la iglesia hemos aprendido a lidiar con el sentimiento de culpa porque podemos arrepentirnos del error que hemos cometido, pero ¿cómo lidiar con el sentimiento que surge cuando estamos convencidos de que nosotros somos el error? ¿Cómo te arrepientes de algo que crees que eres? Hacemos lo que hicieron Adán y Eva, intentamos controlar qué es lo que otros pueden ver de nosotros.

Ellos se cubrieron con unas hojas de higuera, nosotros nos cubrimos con nuestras apariencias, optando por escondernos; en vez de cosernos un traje con hojas de higuera creamos una imagen para proyectar a los demás, nos disfrazamos de la mejor versión de nosotros mismos para ocultar nuestras vergüenzas más profundas y proyectamos una imagen de perfección para que no vean nuestra desnudez, hasta que convertimos nuestra vida pública en puro teatro, como nuestros personajes de los muros que construimos en la actividad anterior.

El problema es que, al hacerlo, perdemos algo que anhelamos profundamente: la conexión con otros. A partir del momento en que Adán y Eva se escondieron detrás de sus hojas de higuera perdieron la conexión que tenían entre ellos, su intimidad se vio afectada a causa de su miedo a mostrarse desnudos; de la misma manera, cada vez que nos ocultamos detrás de nuestras apariencias, cada vez que intentamos controlar la imagen que proyectamos a los demás, pagamos un precio muy alto y perdemos la conexión con las personas importantes de nuestra vida. Finalmente, nos quedamos solos. La razón de esto es que tu alma no anhela compañía, anhela conexión, pero no hay manera de conectar con alguien escondido detrás de sus hojas de higuera.

PRINCIPIO 2
LAS APARIENCIAS IMPIDEN LAS RELACIONES SIGNIFICATIVAS

Una de las razones por las que Internet aglutina una comunidad global de millones de personas es porque nos ha permitido relacionarnos a través del personaje que hemos creado. Las redes sociales se han convertido en una fantasía de personajes que se presentan unos frente a otros con sus máscaras puestas; no es casualidad que tengamos un «muro» y «filtros», porque ¿no es detrás de muros donde se esconden los secretos? ¿No se usan los filtros para ocultar los defectos?

Entonces, construimos relaciones superficiales desde la capa externa de las apariencias, no desde el núcleo de nuestro verdadero ser. Lo hacemos desde el personaje, no desde la persona, y no hay manera de lograr una verdadera intimidad con alguien haciéndolo desde un personaje, porque en realidad este es una mentira.

Nuestra generación padece el síndrome de la necesidad de ser aprobados, probablemente porque la aprobación es un alivio para el dolor que nos produce nuestra vergüenza. Buscamos desesperadamente aprobación humana como un bálsamo para nuestra vergüenza oculta.

Cada vez que alguien pulsa ese botón, cuando hace doble clic sobre tu *selfie*, le da un «Me gusta» a tu frase o comenta algo en tu publicación, literalmente, le da un golpe de dopamina y aprobación a tu alma. Es súper adictivo. Por lo tanto, te esfuerzas en hacerlo aún mejor, en ser más guapa, en mostrarte más feliz o cualquier otra cosa que puedas proyectar desde el escenario, con el fin de que alguien pulse ese botón. Pero si vives solo para sentir la aprobación de las personas, un día morirás por su rechazo, y mientras tanto, Aquel que ya pulsó el botón a tu favor, no en un cómodo sillón sino en la cruz; Aquel que hizo sonar por ti no una campana, sino los clavos que lo sujetaron al madero con cada martillazo, es ignorado. Ni un millón de *likes* pueden igualarse a eso.

⊛ CONCLUSIÓN

Fuimos diseñados para amar y ser amados, pero la vergüenza nos hace creer que no somos dignos de ese amor, a no ser que demostremos que somos impresionantes.

Es inútil intentar satisfacer tu necesidad de amor con admiración: puedes ser impresionante y sentirte terriblemente solo. No puedes amar ni recibir amor desde el personaje, solo puedes hacerlo a través de la persona real. Para conectar con otro hay que ser conocido, y para ser conocido hay que desnudarse.

Para conectarte tienes que prender fuego a tus hojas de higuera, dejar de esconderte detrás de tus apariencias, matar al personaje, quitarte el disfraz, renunciar a ser impresionante y dejarte ver desnudo. Es fácil quitarte la ropa y mostrar tu piel, lo difícil es desnudar tu alma y dejar que otro te vea tal y como eres: frágil, imperfecto. Tú, tu verdadero tú.

¡Lo sé!, es aterrador; sin embargo, no hay otra manera de conectar. ¡No la hay! Debes renunciar a intentar controlar la imagen que otros tienen sobre ti, tienes que hacerte vulnerable.

¿Estás dispuesto a ser herido ocasionalmente a fin de tener conexión? Porque la misma armadura que te protege de los golpes en la batalla será la que no te permitirá experimentar las caricias de los que te aman. Obviamente, no se trata de desnudar tu alma con cualquiera, pero hazlo con alguien que esté dispuesto a amar como Dios ama y a dejarse ver tal cual es.

No todos los matrimonios se han visto totalmente desnudos, no todos han visto lo que hay más allá de la piel y han traspasado la capa de las apariencias. Lo que más seguridad te da es que aun después de verlo completamente desnudo, incluso así te ama y tú lo amas. De hecho, debes saber que los vínculos más profundos que se han forjado con esa persona con quien puedes sentirte absolutamente vulnerable y seguro, lo son a la vez desde las vergüenzas, y no desde los talentos. Quédate con quien te bese el alma, porque a la piel puede besártela cualquiera.

📖 LECTURA

Reparte estos versículos para leer: Juan 3:16-20 y Juan 13:34-35.

Curiosamente, ¿no será en esto en lo que pensó Jesús cuando inauguró su Iglesia?

- una comunidad donde las personas pudiésemos conectarnos de verdad;

- una zona segura donde quitarse los disfraces y mostrar nuestras almas desnudas;

- un lugar donde las vergüenzas sean besadas por la gracia;

- una familia donde amar y ser amado.

 EL CIERRE

Pídeles a tus alumnos que se «desnuden» con algo que han tratado de esconder. Pueden hacerlo a través de cartas o, si se atreven, compartirlo con todos o formando pequeños grupos. Debes reforzar la idea de que todos tienen que respetar lo que se comparta. Como líder, sé astuto para manejar este tema sensible, según sea la madurez de tu grupo. Termina orando por ellos, por un corazón sincero, conectado con Dios y con relaciones profundas y sanas.

REFLEXIÓN
VERGÜENZA Y APARIENCIA

1. ¿Quiénes son tus mejores amigos? ¿Qué cosas no compartes con estos amigos y por qué?

2. ¿Qué te hace sentirte juzgado por tus amigos o familiares?

3. ¿Cuál es tu mayor vergüenza, de la cual nunca nadie debería enterarse?

4. Revisa tus redes sociales o piensa en tus conversaciones sociales. ¿Qué imagen estás tratando de dar? ¿Cuáles son las motivaciones detrás de cada historia?

5. ¿Qué rótulos te han colocado en casa? ¿Cuáles de ellos te han condicionado negativamente?

6. ¿Qué cosas has hecho para impresionar a los demás? ¿Cómo han repercutido en ti estas acciones o esfuerzos?

7. Haz una lista de las personas con quienes crees que puedes llegar a desarrollar una amistad más profunda. ¿Qué podrías compartir con ellos para ser más vulnerable y así intentar profundizar en tus relaciones?

8. ¿Qué puedes hacer hoy mismo para comenzar a sacarte las máscaras que has creado y mostrar una parte real de quien eres?

9. Ocultar la vergüenza no es lo mismo que tratar de cambiar; primero hay que descubrir lo que nos avergüenza para poder trabajar en nuestro carácter y acciones. ¿Qué cosas quieres cambiar para que ya no te avergüencen?

10. Todos hemos puesto rótulos a otros, los hemos enlatado quizás en algo vergonzoso. Piensa en ello y en cómo podríamos ayudar a ese alguien a romper con esas mentiras.

05

UNIÓN EXCLUSIVA

DIOS QUIERE SALVAR TU BODA

LECCIÓN 5
UNIÓN EXCLUSIVA

Dios quiere salvar tu boda

 ## VERSÍCULOS CLAVE

Entonces Dios el Señor hizo que cayera sobre el hombre un sueño profundo, le sacó una costilla y cerró la carne en el lugar de donde la había sacado. Con la costilla hizo a la mujer y se la llevó al hombre. Al verla, el hombre exclamó: «¡Esta sí es hueso de mis huesos y carne de mi carne! Se llamará "mujer" porque fue sacada del hombre». Es por eso que el hombre deja a su padre y a su madre y se casa con su mujer, y los dos llegan a ser como una sola persona. (Génesis 2:21-24)

 ## INTRODUCCIÓN

Esta fue la primera boda de la humanidad. Es fácil perder el enfoque y no percibir el misterio, lo que está a punto de ocurrir entre él y ella, en ese lugar, en ese momento, con esos testigos: dos almas van a fundirse como una sola. ¿Te has fijado que la Biblia comienza con un matrimonio y termina con un matrimonio? Génesis 2 relata cómo fue la boda de Adán y Eva, mientras que Apocalipsis 19 describe cómo será la boda de Jesús y la Iglesia. Una boda es el principio y el final del libro. El matrimonio fue idea de Dios, no del hombre; sin embargo, la religión fue idea del hombre, no de Dios.

«El hombre deja a su padre y a su madre, y se une a su esposa, y los dos se convierten en uno solo» (Gn 2:24). Eso es más que dos personas compartiendo su firma en un documento legal, es una conexión profunda y trascendente, una conexión tan sagrada que Dios se involucra en ella más de lo que se involucra en cualquier otro rito religioso.

(?) PREGUNTAS

- ¿Qué costumbres tiene tu familia para las bodas que sepas que no todos comparten?

- ¿Conoces los rituales de otras culturas para las bodas?

Deja que algunos comenten, pero también prepárate con historias cortas o algunas imágenes de rituales de ceremonias de casamiento de otras culturas.

PRINCIPIO 1
EL MATRIMONIO ES UNA UNIÓN SAGRADA PORQUE ES EXCLUSIVA

En los tiempos de Jesús la gente se casaba debajo de una *chuppah*, que era una especie de cortina sujeta por cuatro palos que se sostenía sobre los novios durante la ceremonia nupcial. Esa tela sobre sus cabezas no era una tela cualquiera, era un *tallit*, un manto de oración que los judíos ponían sobre sus cabezas para recordar la presencia de Dios sobre ellos mientras recitaban las Escrituras. Esa tradición se conectaba con el momento en el que Dios liberó al pueblo de Israel de la esclavitud de Egipto y los dirigió a través del desierto hasta la tierra prometida, cubriéndolos durante el éxodo con su presencia divina, en forma de nube de día y en forma de columna de fuego de noche. Esa presencia sobre ellos los protegía de las inclemencias del tiempo, los alimentaba sobrenaturalmente y espantaba a sus enemigos. Bajo esa presencia, Dios hizo un pacto con ellos en el monte Sinaí y les dijo: «Esta es mi ley y mis promesas, no se entreguen a otros dioses porque ustedes son míos y yo soy de ustedes». En las bodas, el novio recitaba sus votos a la novia, un juramento llamado *ketubah*, donde se comprometía a su protección, sustento y cuidado; es un testamento que la novia guardaría como garantía.

La *chuppah* evocaba ese momento especial de Dios cubriendo a su pueblo y ahora se extendía sobre la pareja que se casaba. El *tallit* los hacía conscientes de la presencia de Dios sobre ellos, y bajo esa presencia se estaba escribiendo un pacto de unión eterna. Dios es la *chuppah* viviente.

Es interesante notar que en la ceremonia nupcial solo la pareja y nadie más que ellos permanecían bajo el dosel, porque el matrimonio es una zona de exclusividad para dos y no hay lugar para tres. El matrimonio es una unión sagrada porque es una unión exclusiva.

¿Te has dado cuenta de que incluso aquellos que dicen no creer en el matrimonio se emocionan en la boda de una pareja que sí cree? Porque pueden percibir la belleza, el valor y la pureza de lo que está ocurriendo: un hombre y una mujer encontrándose en el altar, diciendo *no* a todas las demás personas para decir *sí* a una sola, para siempre. Lo sagrado de ese vínculo deriva de su exclusividad.

Génesis resume esto con una palabra muy significativa en hebreo: *yada*, que se ha traducido al español como «conocer» pero cuyo significado más amplio es «conocer completamente y ser completamente conocido»: «Conoció Adán a su mujer Eva» (Gn 4:1 - RVR1960). «Conocer» en hebreo es mucho más que acumular información acerca de la otra persona, se trata de experimentar a la otra persona; simbólicamente, podría representarse como el acto de nadar en las profundidades del alma de otra persona, un acceso exclusivo a los secretos del corazón del otro.

🧠 PRINCIPIO 2
DIOS ES EL DIOS DEL AMOR Y EL DIOS DEL SEXO

Al terminar de intercambiarse los votos, todavía no estaban casados: acompañados por sus familias y amigos irían al lugar donde sellarían su unión, una tienda llamada el *tálamo nupcial*, acondicionada especialmente para la unión sexual, con una mesa llena de frutos, dulces y vino y una cama decorada con el *chuppah*. Todos esperaban fuera mientras se sellaba la unión, y bajo la presencia de Dios hacían el amor, porque Dios es el Dios del amor y el Dios del sexo. Esto muestra que

Dios creó el sexo para amar; no fue creado para producir culpa delante de Dios sino para traer gozo a su corazón. El sexo en el matrimonio es algo digno, bendecido por la presencia de Dios y celebrado por la familia. Parece muy público, pero no hay nada más exclusivo en la pareja que sus encuentros sexuales; les pertenecen a ellos y no deben compartirse con nadie más.

Claro, Satanás se encargó de proyectarlo en las pantallas, de venderlo por Internet y de promocionar su práctica sin compromiso. Así es fácil olvidar que el sexo es espiritual. Redujo el sexo a algo animal, sin ningún propósito trascendente. Pura biología. Punto.

Pero Dios dice que el sexo es espiritual; de hecho, pocas cosas son tan espirituales como el sexo. Es una unión misteriosa donde las almas se funden mientras los cuerpos se unen y los dos llegan a ser como una sola persona. (Génesis 2:24). Es una unión misteriosa de dos personas que, preservando su identidad individual, se convierten en un solo ser, algo que los trasciende; por eso Dios creó los encuentros sexuales para que se produzcan dentro del pacto matrimonial, para proteger la conexión.

La Biblia dice que Dios espera que sus hijos reflejen en este mundo lo que él es, o mejor dicho, quién es él. «Entonces Dios dijo: "Hagamos a los seres humanos a nuestra imagen, a nuestra semejanza, para que ejerzan poder sobre los peces, las aves, los animales domésticos y salvajes, y sobre los reptiles". De modo que Dios creó a los seres humanos a su imagen. Sí, a su imagen Dios los creó. Y Dios los creó hombre y mujer» (Gn 1:26-27).

Echad es la palabra en hebreo que se utiliza en Génesis 2:24 para decir que Adán y Eva se hacen uno, y es la misma palabra hebrea que se utiliza en Deuteronomio 6:4 para decir que Dios es uno.

Adán fue creado a imagen de Dios y lo representaba en este mundo de muchas maneras; Eva fue creada también a imagen de Dios y lo representaba en este mundo de otras muchas formas. Sin embargo, la unión de Adán y Eva es la máxima representación de la Trinidad sobre la tierra.

 **ACTIVIDAD**

CORDÓN DE TRES HILOS

Busca en Internet un tutorial fácil y práctico que muestre cómo hacer una pulsera de tres hilos (necesitarás comprar suficiente hilo para todos los estudiantes, puedes pedir ayuda a los padres y a otros líderes de la iglesia; el gasto vale la pena). Este no será un pacto de castidad sino un pacto de exclusividad: la pulsera representará el compromiso a recordar que la unión entre dos personas es la máxima expresión de la Trinidad sobre la tierra, una unión fuerte, única y que dura para siempre.

 **CONCLUSIÓN**

Adán y Eva eran uno, como Dios es uno. En su unión reflejaban la naturaleza de la divinidad, tan inexplicable pero hermosa como el misterio de la Trinidad; por lo tanto, la finalidad del matrimonio no es el matrimonio en sí mismo sino señalar a alguien que está más allá de ellos: Dios. Su unión es una imagen, es un reflejo de lo que Dios es. Dios espera que el matrimonio sea el Evangelio que otros puedan leer, no para contar una historia perfecta sino para contar la historia de un amor que persiste.

Es por esa razón que cuando un matrimonio se rompe en la iglesia, el Evangelio pierde credibilidad ante el mundo. No es casualidad que Jesús orara por sus discípulos: «que todos estén unidos. Padre, así como tú estás en mí y yo en ti [...] para que el mundo crea [...]» (Jn 17:21). Cuando permitimos que los índices de divorcio en la iglesia sean iguales a los de la sociedad, nuestro mensaje pierde credibilidad. Probablemente, la aceptación del divorcio en nuestras iglesias como una opción válida para resolver los problemas ha sido una de las mayores victorias del infierno.

Cuando la violencia, el abuso o la infidelidad intoxican una relación, asesinan el amor, pero me preocupa que nuestra generación asuma que el divorcio es una buena opción para solucionar los problemas de convivencia. Quizás esta manera tan cobarde de amarnos esté inspirada en una sociedad de consumo que tira rápidamente a la basura lo que se rompe, y luego va y se compra algo nuevo.

Adán fue sometido a un sueño placentero para recibir a Eva, pero Jesús fue sometido a una muerte terrible para recibir a la Iglesia. Adán fue abierto en su costado y el precio que pagó para obtener a su esposa fue una simple costilla, pero Jesús fue abierto en su costado y el precio que pagó para obtener a su esposa fue cada gota de su sangre.

El matrimonio es una señal hermosa, pero también es una señal dolorosa. El matrimonio es la encarnación del Evangelio con todas sus implicaciones: Jesús persistiendo en amarnos a pesar de nuestras traiciones, siendo paciente con nosotros, perdonando nuestros errores, siendo fiel a pesar de nuestra indiferencia y manteniendo la pasión por cada uno de nosotros hasta el final. Por lo tanto, no hay Evangelio sin cruz ni matrimonio sin sacrificio.

No es casualidad que en nuestra cultura usemos la expresión «llevar al altar» como sinónimo de casarse con alguien, porque tanto un matrimonio como un altar son el lugar donde se hacen los sacrificios a Dios. Cualquier sacrificio que se haga por amor en un matrimonio es una ofrenda a Dios, pero Jesús, el novio, nos recuerda algo que no debemos olvidar: aunque el costo fue muy alto, cuando el Padre traiga de la mano a la radiante novia, todo sacrificio quedará recompensado eternamente.

 **EL CIERRE**

Pídeles a tus alumnos que usen sus pulseras recordando la unión que tenemos con Dios y la importancia de concebir en nuestro corazón el encontrar a alguien con quienes ser exclusivos. Bendícelos.

REFLEXIÓN
UNIÓN EXCLUSIVA

1. Seguramente alguna vez fuiste a una boda o al menos viste alguna boda en la televisión o en el cine. ¿Qué extraños rituales has observado? ¿Qué crees que significan?

2. ¿Por qué crees que la gente hace tantas preparaciones y gasta tanto dinero para las bodas?

3. ¿Por qué crees que los padres de los novios y otras personas se emocionan en las bodas?

4. ¿Cuál es el concepto de las relaciones sexuales que más escuchas entre las personas que te rodean?

5. ¿Cómo crees que la liviandad con la que se toman las relaciones sexuales afecta las relaciones afectivas a largo plazo?

6. Lee la siguiente afirmación: «El sexo no fue creado para producir culpa delante de Dios sino para traer gozo a su corazón. Dios es el Dios del amor y el Dios del sexo, porque Dios creó el sexo para amar, y por eso Dios demanda que esos encuentros sexuales se produzcan dentro del pacto matrimonial, para proteger la conexión. Vale la pena luchar por preservar ese vínculo espiritual y la evidencia de esto es que pocas cosas son más atacadas por Satanás que esa conexión tan especial».

7. ¿Cómo se relaciona con los conceptos de tener relaciones sexuales «populares»?

8. ¿Cómo confronta esa afirmación a tu pensamiento sobre las relaciones sexuales?

9. ¿Qué dudas o preocupaciones surgen en tu mente?

10. ¿Cómo te hace sentir esta afirmación en cuanto a tus futuras relaciones?

11. Luego de todo el estudio que has realizado sobre el ser exclusivos, no solo en fidelidad sino en el compromiso para siempre con la otra persona, ¿qué cosas debes tener en cuenta al entregar tu corazón a otra persona para lograr este tipo de conexión y unión?

06
PIEDRAS Y SERPIENTES

DIOS NO BENDICE AL QUE NO CUBRE LAS VERGÜENZAS DE SUS PADRES

PIEDRAS Y SERPIENTES

Dios no bendice a quienes no cubren las vergüenzas de sus padres

 VERSÍCULOS CLAVE

Noé, que era agricultor, plantó una viña e hizo vino. Un día bebió tanto vino que se emborrachó y se quedó desnudo, tendido en el piso de su carpa. En esas, Cam, el padre de Canaán, entró a la carpa y vio u Noé desnudo.

Al salir de la carpa le contó a sus hermanos que había visto a su padre desnudo. Entonces Sem y Jafet tomaron una túnica, se la echaron sobre los hombros y, para evitar ver la desnudez de su padre, entraron caminando hacia atrás y lo cubrieron.

Cuando Noé despertó de su borrachera y supo lo que le había hecho su hijo menor, dijo: ¡Maldito sea Canaán y sus descendientes! [...] (Génesis 9:20-25)

INTRODUCCIÓN

Unos años después del gran diluvio, después de que Noé, su familia y los animales desembarcaran para comenzar una nueva historia, este hombre íntegro plantó una viña, hizo vino y se emborrachó. El hombre elegido por Dios para comenzar una nueva humanidad, se emborrachó de tal manera que quedó tirado en el suelo de su tienda, inconsciente, desnudo y tendido sobre el barro en un estado vergonzoso. Era la estampa de la ridiculez: Noé, el elegido para redimir la historia humana, borracho.

Noé tenía varias razones por las cuales emborracharse. ¿Cuáles puedes imaginarte? Probablemente Noé bebió para olvidar; al fin y al cabo, Noé era un hombre con debilidades, como todos nosotros, y cualquiera que fuesen las razones, conocemos el resultado: Noé se emborrachó.

La historia describe cómo Cam, uno de sus hijos, llegó a la tienda y lo vio desnudo, y en vez de socorrerlo, lo juzgó: lo miró con superioridad moral y lo juzgó por su embriaguez. Después, parece que se le ocurrió la gran idea de contarle el chisme a sus hermanos, pero ellos hicieron algo muy diferente: tomaron un manto y, caminando hacia atrás para no ver la desnudez de su padre, lo cubrieron en su vergüenza. En una actitud de respeto hacia su padre, evitaron verlo desnudo y lo cubrieron con compasión en medio de su indignidad. Cuando Noé despertó y supo lo que habían hecho sus hijos, bendijo a quienes lo cubrieron pero maldijo al hijo que lo juzgó y lo dejó abandonado.

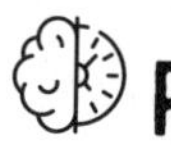 **PRINCIPIO 1**

LA RELACIÓN CON LOS PADRES PRUEBA LA CALIDAD DE NUESTRO AMOR

Existe una relación que ninguno de nosotros elegimos, y me refiero a la relación con nuestros padres; esta relación, más que cualquier otra en nuestra vida, probará la calidad de nuestro amor. Con el triste testimonio de lo ocurrido entre Cam y Noé, Dios quiere advertirnos que una generación que no sabe cubrir la desnudez de sus padres es una generación maldita, que no prosperará.

Cuando hago referencia a la desnudez de los padres estoy refiriéndome a sus errores, a sus fracasos morales y a sus muestras de debilidad, es decir, a sus vergüenzas; me refiero a honrarlos a pesar de sus imperfecciones, a tratarlos con dignidad aun cuando descubramos sus debilidades, a cubrirlos con el manto de la compasión, el respeto y la ternura cuando sus deslices los hagan quedar tendidos en el suelo avergonzados. Es fácil honrar a las personas de las que solo conocemos sus virtudes, pero la prueba del amor llega cuando Dios nos ordena honrar a aquellos a los que conocemos demasiado bien, aquellos a los que hemos visto contradecirse, perder los nervios, fracasar en sus promesas y no estar a la altura de sus valores. Nuestros padres.

Por alguna miserable razón encontramos cierto placer en sentirnos moralmente superiores a aquellos que son autoridad sobre nuestra vida; nos hace sentir justificados de nuestros errores, pero después esos hijos se convierten en la misma imagen de aquello que tanto juzgaron.

Noé se emborrachó, pero en el listado de héroes de la fe del libro de Hebreos aparece su nombre destacado, mientras que el nombre de Cam, el hijo que lo deshonró, quedó ligado a una maldición que afectó a todos sus descendientes.

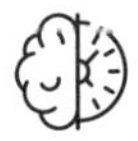 # PRINCIPIO 2
LA HONRA A LOS PADRES ES UN ASUNTO PRIMORDIAL PARA DIOS

La honra a los padres es un asunto fundamental para Dios, y la deshonra una transgresión con graves consecuencias para el que la comete y, finalmente, para la sociedad.

 # LECTURA 1
2 TIMOTEO 3:1-5

Es curioso que entre todas las depravaciones que menciona Pablo una de ellas sea la desobediencia a los padres. Si somos capaces de eso, somos capaces de todo lo demás.

📖 LECTURA 2

MALAQUÍAS 4:6 (NTV)

El profeta conecta el estado de la relación entre padres e hijos con el estado de la Tierra, es decir, la maldición en la Tierra está relacionada con la desconexión entre el corazón de los padres y el corazón de los hijos. Esta es una prueba de que es el amor el que determinará la maldición o la bendición de nuestro mundo. Aquí no solo estamos hablando de restaurar la relación entre padres e hijos sino de sanar la Tierra.

📖 LECTURA 3

DEUTERONOMIO 5:7-21

La ordenanza divina de honrar a los padres está incluida entre los diez mandamientos. Los primeros cuatro establecen pautas para nuestra relación con Dios y los últimos seis establecen pautas para nuestra relación con el prójimo. El mandamiento de honrar a los padres es el quinto, está en el centro de la ley, y es además el único cuyo cumplimiento lleva incorporado una promesa, ¡y qué promesa! Nada menos que la de una larga vida y prosperidad. Dios sabía que era el más difícil de cumplir, como si todo hijo necesitara de un estímulo extra para lograrlo. Es como si Dios intentara decirnos que la manera en la que respondamos en esa relación fundamental determinará cómo responderemos en las demás.

📖 LECTURA 4

PROVERBIOS 20:20

Esto significa que la deshonra a tus padres te convierte en un tipo de persona cuya luz interior se ha apagado. De la misma manera, la deshonra encierra a tu luz interior dentro de una urna hermética; parecerá que sigues brillando, pero si no haces pedazos ese aislamiento en tu interior, si no quiebras la deshonra en tu vida, tarde o temprano te consumirás y quedarás en una terrible oscuridad.

IDEA

Junta unas cuantas piedras en la calle, lo suficientemente grandes como para escribir en ellas. Límpialas y lleva marcadores a tu clase. Reparte las piedras a tus alumnos y pídeles que escriban en ellas las ofensas que los padres pueden hacer a sus hijos. Una sola palabra es lo ideal: humillación, abuso, injusticia, desprecio, maltrato, etc. Luego pídeles que te las devuelvan y ponlas en una mochila, y ponte la mochila. Más adelante en la lección sacarás las piedras y construirás un altar, y a medida que lo construyas toma los marcadores y dibuja sobre las palabras corazones y estrellas. No necesitas hacerlo con todas las piedras, hazlo solo con algunas mientras hablas para demostrar el principio a enseñar.

PRINCIPIO 3
LA HONRA NO SOLO SE GANA, TAMBIÉN SE ELIGE

Sabemos que la situación que muchos han vivido y viven en sus familias es muy complicada, ya que hay padres que son unos auténticos tiranos, pero la pregunta es: ¿en qué tipo de persona quieres convertirte? Porque la respuesta de tu corazón ante las injusticias que vivas en tu familia determinará el tipo de persona que llegarás a ser. El tipo de corazón que aprende a amar de verdad surge en situaciones de conflicto y bajo la presión de la injusticia; todo dependerá de nuestra respuesta.

LECTURA

MATEO 7:9-10

Algunos padres les han dado piedras y serpientes a sus hijos, y me refiero a padres que consciente o inconscientemente han lanzado piedras de juicio contra sus hijos y los han intoxicado con las mentiras de la serpiente. Será tu elección decidir si guardarás esas piedras y serpientes, las cargarás toda tu vida y se las pasarás a tus hijos o si te convertirás en el padre o madre que desearías haber tenido.

Los hijos que toman esas piedras y construyen con ellas un altar privado en el que adorar a Dios en medio de la injusticia, y tomando esas serpientes usan su veneno para crear medicina para su familia, convierten de este modo la maldición en bendición, tomando el juicio y convirtiéndolo en adoración, y oran diciendo: «Gracias, Dios, por mis padres, porque tú los elegiste para darme la vida y tu plan es perfecto». Toman también las mentiras y las convierten en medicina, orando: «Ayúdame, Dios, a convertir todo el sufrimiento que provoca el veneno de las mentiras en medicina para sanar a otros; que cada experiencia vivida me sirva para convertirme en médico del alma». Aquí es cuando se rompen ciclos que han podido repetirse durante generaciones y crean así nuevas dinámicas en las relaciones familiares.

 **PRINCIPIO 4**
SEREMOS JUZGADOS CON LA MISMA SEVERIDAD CON QUE JUZGAMOS A NUESTROS PADRES

JUECES

Imagino que Noé fue un excelente padre en muchos sentidos pero un día cruzó la raya, se emborrachó y quedó tendido en el suelo desnudo. No sé si alguna vez has visto a tu padre o a tu madre perdiendo el control después de haber bebido unas copas de más, pero seguramente has presenciado otras situaciones vergonzosas: viste cómo tu madre humillaba a tu padre en sus conversaciones, sorprendiste a tu padre en una mentira, los observaste comportándose de forma inmadura el uno con el otro, fuiste víctima de sus arrebatos de ira y de sus injustos castigos. En definitiva, sabes muy bien que tus padres son imperfectos; tú mejor que nadie conoce quiénes son, porque llevas observándolos desde el día en que naciste y podrías hacer una lista de todos sus errores.

Pero cuando la desnudez de tus padres queda expuesta delante de ti, es decir, cuando te haces consciente de sus vergüenzas, es cuando se determina el tipo de corazón que tienes. ¿Vas a cubrir su desnudez con un manto de honra o vas a juzgarlos mientras los dejas tirados en el suelo?

EJECUTORES

Son demasiados los hijos que miran las vergüenzas de sus padres con superioridad moral y los juzgan, pero no solo eso, sino que además de jueces se hacen ejecutores y castigan a sus padres.

Existen muchas maneras en las que los hijos pueden castigar a sus padres sin necesidad de golpearlos; algunos los castigan con el silencio y deciden no hablarles o restringir al máximo la comunicación con ellos, otros los castigan sin afecto físico, no los abrazan ni los besan e incluso evitan el más mínimo roce con ellos; otros los castigan sacándolos de sus vidas, no dejando que conozcan a sus nietos o limitando el contacto con ellos, y también están los que se burlan cuando los ven incapaces de usar una nueva tecnología, los que los avergüenzan en público, los que les elevan la voz y los que los miran con desprecio. Lo hacen convencidos de que su incapacidad para ser los padres que necesitan les da derecho a castigarlos: creyendo ser las víctimas se convierten en los verdugos.

 # LECTURA

MATEO 7:2

Si tú eres uno de ellos, ¿estás listo para ser juzgado con la misma severidad con la que juzgas y ejecutas a tus padres?

 # CONCLUSIÓN

HONRA INCONDICIONAL

La honra consiste en dar un alto valor a nuestros padres, no por lo que parece que son sino por lo que Dios dice que son. La honra es enaltecerlos, darles un trato especial y celebrar su vida, porque son tus padres y eso es suficiente.

Es fácil asumir que alguien con una vida ejemplar fuese digno de honor, pero ¿honrar incondicionalmente a alguien solo por su posición de autoridad? Quizás tu mente no pueda aceptarlo en este momento, pero no es una cuestión de sentimientos sino de comprender que uno puede honrar a alguien y no por eso negar la evidencia de que ese alguien no ha estado a la altura moral que requería su posición.

Honrar a los padres no significa dar por bueno lo que es malo, ni dejarse humillar ni obedecer órdenes contrarias a los principios divinos o permitir el abuso, más bien se trata de una posición de tu corazón respecto a ellos, de darles valor y respeto, de rehusar la venganza y de devolverles bien por mal. Sé que es difícil aceptar el principio de la honra incondicional a los padres, pero ellos son personas importantes en tu vida, incluso aunque no hayan estado a la altura moral de su posición.

Es probable que no esté gustándote nada este mandamiento de Dios, pero la deshonra en tu vida estará bloqueando los propósitos y la bendición que Dios tenga para ti y consumirá tu luz interior. Date tiempo para hacerlo una verdad en tu corazón, para que sea un pensar que se transforme en un sentir que te ayude a actuar sabiendo que desatarás las bendiciones de Dios.

 **EL CIERRE**

Pídeles a tus alumnos que escriban una carta a sus padres, honesta pero no de juicio o castigo sino llena de honra y perdón. Termina orando por las heridas que son demasiado difíciles de sanar, teniendo fe en que el Espíritu Santo puede restaurarnos y despojarnos de esas rocas y serpientes que nos agobian.

REFLEXIÓN
PIEDRAS Y SERPIENTES

1. Lee Génesis 9:20-25. ¿Cómo te sientes al leer esta historia? ¿Qué emociones te provoca la situación? Anota tus observaciones.

2. Lee 2 Timoteo 3:1-9. Enumera las actitudes de las personas de los últimos tiempos. ¿Qué piensas al respecto? ¿Por qué crees que el desobedecer a los padres está en la lista?

3. Lee Malaquías 4:6. ¿Por qué crees que el profeta relaciona la reconciliación de los hijos y los padres con Jesús? ¿Por qué el resultado de la venida de Cristo pondría en armonía las relaciones de padres e hijos?

4. Lee Deuteronomio 5:7-21. Esta es la lista de los diez mandamientos que Dios le dio a Moisés en el monte Horeb cuando el pueblo de Israel había sido sacado de Egipto y comenzaba a ser una nación. ¿Por qué crees que esos mandamientos fueron un tema tan importante para Dios? ¿Por qué será que los convirtió en mandamientos?

5. Lee Deuteronomio 5:16. ¿Por qué crees que el mandamiento de la honra a los padres es el único que tiene una promesa en sí mismo? ¿Cuál es la promesa?

6. Lee Proverbios 20:20. ¿Por qué aconsejará esto Salomón? ¿Qué ventaja nos da seguir ese consejo? ¿Y qué ventajas el no seguirlo?

7. Lee Mateo 7:9-10. ¿Qué clase de padre (o madre) es ese? ¿Qué tipo de piedras o serpientes te han dado?

8. ¿Cómo has juzgado y castigado a tus padres? Piensa en algunas actitudes que lo reflejan. Lee Mateo 7:1-2. ¿Cómo se relaciona este versículo con el

de Proverbios? ¿Cómo te ayuda a cambiar de actitud el conocer estas dos verdades?

9. Lee la siguiente afirmación: «Honrar a los padres no significa dar por bueno lo que es malo, ni dejarse humillar ni obedecer órdenes contrarias a los principios divinos o permitir el abuso, más bien, se trata de una posición de tu corazón respecto a ellos, de darles valor y respeto, de rehusar la venganza y de devolverles bien por mal». ¿Cómo puedes lograr cambiar tu corazón respecto a ellos y lo que han hecho o hacen?

10. ¿Cuáles serían ejemplos prácticos de honrar a tus padres? Piensa algunas maneras en las que puedes honrarlos esta semana.

CORONA A TUS PADRES

07

LA MANERA EN LA QUE TRATAS A TUS MAYORES TE DEFINE DELANTE DE DIOS

CORONA A TUS PADRES

La manera en que tratas a tus mayores te define delante de Dios

 ## VERSÍCULOS CLAVE

Junto a la cruz de Jesús estaban su madre, la hermana de su madre, María la esposa de Cleofas, y María Magdalena. Cuando Jesús vio a su madre, y junto a ella al discípulo a quien él quería mucho, dijo a su madre: —Mujer, ahí tienes a tu hijo.

Luego, le dijo al discípulo: —Ahí tienes a tu madre.

Desde ese momento, ese discípulo la recibió en su casa. (Juan 19:25-27)

 ## INTRODUCCIÓN

Resultan conmovedoras las palabras de afecto que el héroe expresa antes de su sacrificio, la manera en la que se despide de aquellos que son importantes en su vida. Es como si nos recordasen que salvar al mundo es importante porque en él se encuentran las personas amadas. Solo por eso.

Jesús, el gran héroe de la historia, estaba luchando la batalla final contra el poder del Hades. En esa cruz estaba desarrollándose un conflicto de dimensiones cósmicas: el rescate de la humanidad de las garras de la muerte. Y allí, clavado, se encontraba el héroe herido, mientras sus llagas abiertas goteaban sangre sobre el barro. Jesús sufrió los dolores más terribles que conoce la humanidad. Estar clavado en la cruz hacía muy difícil su respiración; cada esfuerzo por respirar era fatigoso para el héroe, pero de repente hizo algo inesperado. Jesús vio a su madre, y junto a ella al discípulo a quien él quería mucho; a ella le dijo: «Mujer, ahí tienes a tu hijo», y luego le dijo al discípulo: «Ahí tienes a tu madre».

Mientras resolvía el gran problema del pecado en la cruz, su amor aún tuvo tiempo para resolver el problema del cuidado de su mamá. En una cultura como la hebrea, basada en el honor, no hacerlo se consideraba un acto de deshonra socialmente condenado y Jesús, movido por un afecto profundo hacia su madre, la llamó desde lo alto de la cruz y le dijo: «Madre, no te quedarás sola; ahora, mi discípulo Juan será tu hijo». Dirigiéndose a Juan, le dijo: «Cuida bien a mi mamá, hazte responsable de protegerla y de cubrir sus necesidades». Y así fue.

Jesús le arregló la jubilación a su mamá y se aseguró de que recibiese el cuidado necesario en su ausencia; pensó en su madre en una situación en la cual la mayoría de nosotros estaríamos solo pensando en nuestro propio dolor. Mientras estaba clavado en la cruz, Jesús, el verdadero modelo de hijo, no solo fue un perfecto hijo de Dios sino que fue un perfecto hijo de María.

 **IDEA**

Pídele a uno o varios abuelos y/o padres de tu iglesia que sean parte de tu reunión. Habla con ellos y asegúrate de que estén preparados para responder preguntas. También puedes grabarlos para editar las respuestas y luego compartirlas con la clase.

Presenta a los abuelos y arranca con una sesión de preguntas para guiar la conversación; luego puedes dar unos minutos para que tus jóvenes hagan sus propias preguntas.

Presentamos algunos ejemplos:

- ¿Qué cosas son importantes para los abuelos?

- ¿Cómo pueden los hijos o nietos interactuar con los abuelos?

- Ahora que es mayor, ¿qué le hubiera gustado haber hecho por sus mayores cuando era joven?

- Siempre pensamos en lo que los padres deben hacer por los hijos o lo que hicieron mal, pero ¿qué cosas son responsabilidad de los hijos o nietos para con sus padres o abuelos?

PRINCIPIO 1
QUIEN NO HONRA A SUS PADRES NO ENTIENDE EL CORAZÓN DE DIOS

Para Dios, la honra a los padres es un asunto prioritario en su reino; el hijo que no entiende este principio no entiende el corazón de Dios.

Jesús no tenía problemas a la hora de relacionarse con publicanos, leprosos y prostitutas ya que lo conocían como «el amigo de los pecadores», pero no soportaba a los religiosos hipócritas, y una de las cosas que más lo enfurecían era el *corbán* (Mr 7:9-13), un pacto de consagración hermoso donde un hombre podía hacer una dedicación de sus pertenencias a Dios diciendo: «Todo lo que tengo, todas mis riquezas y posesiones, lo consagro a ti. Nada es mío, todo es tuyo». Básicamente, hacer *corbán* era entregar tus bienes a Dios. Entonces, ¿qué es lo que ponía furioso a Jesús de un acto tan noble?

Era el hecho de que muchos hijos lo usaban como una excusa para deshonrar a sus padres. En la cultura hebrea los hijos tenían el deber de atender las necesidades de sus padres cuando se hacían mayores; sin embargo, los fariseos enseñaban que si una persona decía «mis bienes son *corbán*», quedaba exento de usarlos para ayudar a sus padres aun cuando podía seguir haciendo uso de esos bienes hasta su propia muerte si así lo deseaba. Jesús reaccionó severamente contra eso diciéndoles: «¡Hipócritas!», ya que era una contradicción mostrar devoción por Dios y a la vez abandonar a los padres. Quien no atendía los asuntos de su propia casa no calificaba para atender los asuntos de la casa de Dios.

PRINCIPIO 2
DIOS NO CONFÍA EN UN HIJO
QUE IGNORA A SUS PADRES Y LOS DESATIENDE

¿Por qué es tan importante para Dios el honrar a los padres? Hay varias respuestas posibles, pero una de ellas es que Dios se identifica a sí mismo como el Padre. Sigmund Freud, el psicoanalista ateo, afirmó: «La actitud de una persona hacia su padre biológico determina la actitud de esa persona hacia su Dios», es decir, el hijo que no es capaz de honrar a una autoridad visible y cercana no podrá honrar a una autoridad invisible y lejana. Dios sabe que, si deshonramos a nuestros padres biológicos, no sabremos honrarlo a él.

Jesús *dijo: «Este pueblo de labios me honra, pero lejos de mí está su corazón» (Mr 7:6). Dicho* de otro modo, es posible tener la boca llena de palabras de admiración hacia Jesús y sin embargo tener el corazón muy lejos de sus prioridades; es posible hablar de Jesús pero que nuestro corazón no se conmueva con lo que le conmueve a él, por lo que debemos empezar a cuestionarnos: ¿dónde están nuestros mayores? ¿Hay lugar para ellos en nuestras iglesias? O más importante aún: ¿hay lugar para ellos en nuestra vida?

Es cierto que las familias han cambiado porque nuestro mundo ha cambiado: los hijos se van a sitios lejanos en busca de trabajo, se desarraigan y los padres se quedan solos; son abuelos a distancia que ven a sus nietos —con suerte— de viaje en viaje y en las fotos del teléfono celular. Cuando sus hijos no viven lejos, el ritmo del trabajo en la ciudad hace que las familias se vean mucho menos que antes, y cuando esas personas mayores empiezan a no poder valerse por sí mismas, ¿quién cuida de ellos? La respuesta más común es: los servicios profesionales de geriatría. Hay que ser conscientes de que en ocasiones es requerida la ayuda profesional para atender las necesidades médicas de nuestros mayores, pero me pregunto si a veces los internamos en los geriátricos porque los percibimos como una carga. Creo que debemos hacer una valoración honesta de nuestras motivaciones.

Cuidar de nuestros mayores incomoda, pero el amor verdadero está dispuesto a incomodarse, porque amar no es solo algo que se dice sino que es algo que se hace. «Te amo» se traduce como «te preparo la comida», «te escucho atentamente» y también como «te ayudo a ponerte la camisa».

Cuando nosotros fuimos niños nuestros padres nos enseñaron quiénes éramos, pero cuando ellos sean ancianos nosotros deberemos recordarles quiénes son. Algún día, todos nosotros también seremos viejos e incapaces de cuidar bien de nosotros mismos, por lo que crear una cultura de honor hacia nuestros mayores en nuestras familias hoy repercutirá en beneficio de nuestra propia vejez mañana. Lo contrario, también será cierto.

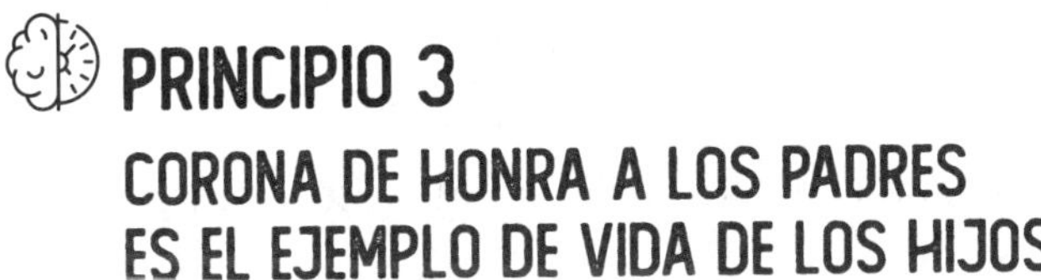# PRINCIPIO 3
CORONA DE HONRA A LOS PADRES ES EL EJEMPLO DE VIDA DE LOS HIJOS

Honrar es poner una corona de reconocimiento sobre la cabeza de alguien. La manera en la que vivamos nuestra vida y el producto de nuestro trabajo y testimonio van a poner una corona sobre la cabeza de nuestros padres, que puede ser una corona de espinas o una corona de gloria. Esa corona sobre sus cabezas los enaltecerá o los avergonzará delante de los demás.

Los hijos que viven su vida de forma irresponsable y que son conocidos por ser perezosos, pendencieros o problemáticos no solo afectan su propia reputación sino que ponen una corona de espinas sobre sus padres, lo que los hace sufrir y los avergüenza frente a los demás. Sin embargo, los hijos que viven su vida de forma responsable y que son conocidos por sus logros profesionales, sus matrimonios sólidos y su integridad moral no solo afectan a propia reputación sino que ponen una corona de gloria sobre sus padres, lo que los hace felices y los enaltece frente a los demás. La honra no es solo un asunto privado; como vimos la clase pasada, es también un asunto público y todos lo notarán.

 PREGUNTA

- ¿De qué forma puedes coronar a tus padres?

Deja que piensen y ayúdalos con los siguientes ejemplos.

IDEAS

- Puedes invitarlos a la fiesta de tu graduación y hacer una mención pública de todo lo que has aprendido de ellos.

- Puedes guardar el sueldo de tu primer mes de trabajo en un sobre y entregárselo en señal de gratitud por todo lo que invirtieron en tu educación.

- Puedes organizar una escapada con ellos a algún lugar especial y hacer aquello que más les guste.

- Puedes hacerles una reforma en la casa o comprarles muebles nuevos para mejorar su comodidad.

- Puedes subir una foto tuya con ellos en tus redes sociales y decirles públicamente que los quieres.

Seguramente se te ocurrirán maneras creativas de enaltecerlos, pero déjame advertirte: hazlo antes de que sea tarde. Que en el funeral de tus padres no tengas nada de lo que arrepentirte, ningún «te quiero» no dicho, ningún abrazo no dado y ningún regalo no hecho. Las flores sirven de muy poco en el cementerio. Dales ahora tu reconocimiento.

 CONCLUSIÓN

REPASO Y REFLEXIÓN

1. La relación con nuestros padres y cómo los tratamos probará la calidad de nuestro amor.

- ¿Cómo puedes mejorar tu trato con tus padres?

2. La honra a los padres es una cuestión de confianza para Dios; honrar a los padres es honrar a Dios.

   - ¿Cómo estamos honrando a Dios? ¿O nuestros labios dicen una cosa y nuestras acciones otra?

3. Honrar a mis padres es poner una corona de reconocimiento en sus cabezas que todos puedan ver.

   - ¿Estás coronando a tus padres con tu comportamiento?

 EL CIERRE

Despide a tus alumnos orando por ellos, desafiándolos a incomodarse para honrar a sus mayores. Pídeles que te cuenten en la semana las maneras que escogieron para honrar a sus padres y abuelos y cuáles fueron las reacciones.

REFLEXIÓN
CORONA A TUS PADRES

1. Lee Juan 19:23-30. La crucifixión era usualmente utilizada para exponer a la víctima a una muerte particularmente lenta, horrible y pública con el fin de disuadir a la gente de cometer crímenes parecidos. ¿Por qué crees que Jesús estando en esa horrible situación aún pensaba en las necesidades de su madre?

2. En la clase aprendimos que «La relación con nuestros padres y la manera en la que los tratamos probará la calidad de nuestro amor». ¿Qué piensas al respecto?

3. ¿Cómo crees que se aplica esa afirmación en el caso de relaciones abusivas?

4. La segunda afirmación en la clase fue: «La honra a los padres es una cuestión de confianza para Dios: él no confía en un hijo que ignora a sus padres y los desatiende. Un amor así no es confiable». ¿Por qué es tan importante para Dios la honra a los padres?

5. ¿Quiénes son los «padres» o los mayores en tu vida? Haz una lista de las personas mayores que te rodean. ¿Qué lugar tienen ellos en tu vida?

6. Cuidar de nuestros mayores incomoda pero el amor verdadero está dispuesto a incomodarse, porque amar no es solo algo que se dice sino que es algo que se hace. ¿Qué cosas puedes hacer por tus mayores, aun cuando no sean muy convenientes o disfrutables?

7. La tercera afirmación de la clase fue: «Honrar a los padres no se trata solamente de obedecerlos, respetarlos o cuidar de ellos cuando lo necesiten, se trata de llegar a poner una corona de reconocimiento sobre sus cabezas

que todos los demás puedan ver». ¿Has puesto una corona en la cabeza de tus mayores? ¿Cómo puedes hacerlo esta semana?

8. Algún día tú también serás viejo, por lo que crear una cultura de honor hacia nuestros mayores en nuestras familias hoy repercutirá en beneficio de nuestra propia vejez mañana. Lo contrario, también es cierto. ¿Cuáles son las costumbres de tu familia con respecto al cuidado de los mayores?

9. ¿Qué nuevos hábitos puedes comenzar en tu familia para que cuando llegues a viejito tus hijos y nietos los continúen también contigo?

10. Toma la lista de las personas mayores de tu familia y comunidad, y ora por ellos esta semana. Piensa en qué necesitas cambiar para poder honrarlos y qué cosas puedes hacer por ellos. Deja que el Espíritu Santo te revele la voluntad del Padre y no te niegues a colocarles la corona que Dios te pide que les pongas sobre sus cabezas.

CATALIZADOR DE UNIDAD

08

A VECES DIOS TIENE QUE HUMILLARTE PARA SALVAR LA RELACIÓN

PERDONAR ES EL VALOR DE LOS VALIENTES. SOLAMENTE AQUEL QUE ES BASTANTE FUERTE PARA PERDONAR UNA OFENSA SABE AMAR.

MAHATMA GANDHI

CATALIZADOR DE UNIDAD

A veces Dios tiene que humillarte para salvar la relación

✍ VERSÍCULOS CLAVE

La fiesta de la Pascua se acercaba. [...] Jesús sabía que el Padre le había dado autoridad sobre todas las cosas, y que él había venido de Dios y a Dios iba a regresar, así que se levantó de la mesa, se quitó el manto y se ató una toalla a la cintura. Luego echó agua en un recipiente y se puso a lavarles los pies a sus discípulos y a secárselos con la toalla. Cuando llegó a Simón Pedro, este le dijo: —Señor, ¿vas tú a lavarme los pies a mí?

Jesús le respondió: —Ahora no entiendes por qué lo hago, pero más tarde lo entenderás.

Pedro dijo: —¡No! ¡Jamás dejaré que me laves los pies! Jesús le respondió: —Si no te los lavo, no serás uno de los míos. Simón Pedro le dijo: —¡Señor, entonces no sólo los pies sino también las manos y la cabeza!

[...] Entonces les preguntó: —¿Entienden ustedes lo que les he hecho? Ustedes me llaman Maestro y Señor, y dicen la verdad porque lo soy. Pues si yo, el Señor y el Maestro, les he lavado los pies, también ustedes deben lavarse los pies unos a otros. (Juan 13:1-14 – Leer todo el pasaje)

💣 ACTIVIDAD

Comienza la clase entregándole a cada uno de tus alumnos una hoja con un cuadro como el del siguiente ejemplo («Somos la Iglesia») y un bolígrafo. Esta actividad te ayudará a construir relaciones positivas demostrando cuán diferente e importante es cada uno de ellos para el cuerpo de Cristo. La dinámica consiste en colocar el nombre de alguien del grupo según la descripción. Luego deja que todos o algunos compartan sus respuestas. Piensa y habla con tus líderes y ayudantes sobre aquellos alumnos más nuevos o menos involucrados y trata de encontrar su rol (pensando en tu grupo, crea tu propia planilla).

SOMOS LA IGLESIA

Quien acerca o une a las personas: _______________________________

Quien nos levanta el ánimo: _______________________________

Quien interviene en las peleas: _______________________________

Quien siempre se ofrece para el trabajo pesado: _______________________________

Quien sabe planear y organizar: _______________________________

Quien no tiene problemas para compartir: _______________________________

Quien es creativo y artista: _______________________________

Quien gusta de reír: _______________________________

(escribe tus propias categorías)

 # INTRODUCCIÓN

Esa era su última cena con ellos. Jesús sabía que le quedaban tan solo unas pocas horas antes de ser crucificado. Miró con ternura a sus discípulos, sentados aquella noche alrededor de la mesa, y empezó a recordar cada momento juntos, incluso las discusiones absurdas, la actitud competitiva y cada ofensa retenida en sus corazones, además de momentos en los que los discípulos tuvieron roces unos contra otros y que le hicieron pensar: «En cuanto ya no esté entre ellos, el equipo se dividirá». Jesús sabía que un grupo en estas condiciones no duraría mucho tiempo antes de romperse. Demasiado orgullo, crítica y rencores.

Entonces, Jesús *no dijo* sino que *hizo* algo tan estremecedor que ya no habría excusas para una división: se puso de pie, se quitó su manto de maestro y se ciñó una toalla alrededor de la cintura. Luego, tomó una palangana con agua y comenzó a lavarles los pies a sus discípulos. Ese acto salvó el movimiento de Jesús; fue capaz de catalizar una unidad aparentemente imposible, y aún puede hacerlo de nuevo hoy.

En los días de Jesús se utilizaban unas sandalias de cuero que dejaban gran parte de los pies al descubierto (los caminos eran tierra en verano y barro en invierno), por lo que los pies quedaban por demás sucios. Además, para comer se reunían en torno a una mesa levantada a escasos centímetros del suelo y se recostaban sobre unos cojines o reclinatorios en los que se echaban sobre la parte izquierda del cuerpo y dejaban libre el brazo derecho para poder comer; en esa posición, los pies de unos quedaban demasiado cerca de la cara de otros, por lo que era un acto de higiene y de respeto mutuo lavarse los pies antes de reunirse alrededor de la mesa para comer.

Por esa razón, en la entrada de toda casa judía había una palangana con agua y una toalla para lavarse los pies antes comer. En el caso de los ricos, el señor de la casa designaba al esclavo de menor rango la tarea de ser el lavador de pies; esto era un gesto de cortesía para los invitados y una comodidad para la familia. Lavar los pies se consideraba un acto tan humillante que debía hacerlo el esclavo de menor importancia.

PRINCIPIO 1
EL SEÑOR ES EL MAESTRO A QUIEN DEBEMOS IMITAR

En esa última cena con Jesús, los discípulos estaban sentados a la mesa con los pies sucios, ya que no había ningún esclavo para lavar los pies y ninguno se ofreció para hacer la humillante tarea de lavarle los pies a los otros, hasta que, de repente, Jesús hizo algo escandaloso.

¿Has estado alguna vez en una situación que te haya provocado vergüenza ajena? Alguien está haciendo algo que no debería hacerse, disimulas, pero te sientes profundamente incómodo; eso es exactamente lo que los discípulos sintieron cuando Jesús se levantó de la mesa y comenzó a lavar sus pies con una palangana. Podía percibirse la tensión en el ambiente y miradas inquietas entre ellos. De pronto, Pedro interrumpió a Jesús y le dijo lo que todos estaban pensando: «¿Un maestro lavándole los pies a un discípulo? Ese no es el orden correcto; de hecho, es exactamente a la inversa. Amado maestro, no me lavarás los pies jamás». Quizás Pedro pensó que Jesús lo honraría por eso, pero este lo miró y lo exhortó con contundencia: «Si no te los lavo, no serás uno de los míos».

Jesús sabía que la verdadera unidad surge al sentirse parte del otro, y al hacer esto estaba marcándoles el camino: «Si yo, el Señor y el Maestro, les he lavado los pies, también ustedes deben lavarse los pies unos a otros». Estaba mostrándoles la única manera de mantenerse unidos.

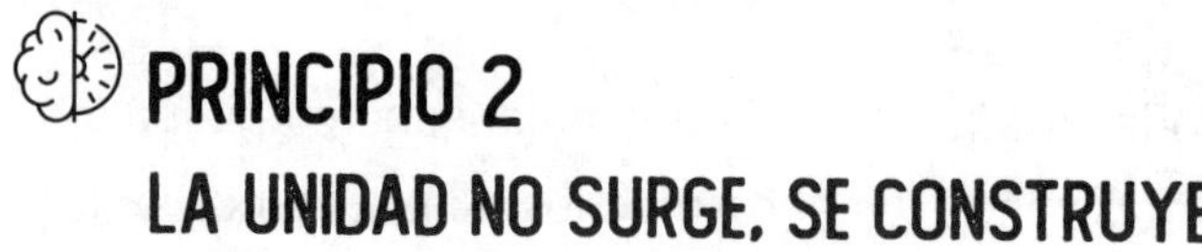

PRINCIPIO 2
LA UNIDAD NO SURGE, SE CONSTRUYE

Jesús puso en el mismo equipo a un zelote nacionalista judío y a un publicano funcionario del imperio opresor; sumó a su movimiento a pescadores del vulgo y a fariseos intelectuales; puso mujeres y hombres a aprender juntos; incluso invitó a amos y a esclavos a llamarse «hermanos». En ese grupo había tanta disparidad de mentalidades, clases sociales, posiciones políticas y perspectivas de la vida como probablemente las haya en tu iglesia local. Somos diferentes a las personas que Dios te llama a amar de verdad y Dios espera que tu amor rompa las barreras en tu mente que te hacen clasificar en «ellos» y «nosotros». Nuestro maestro nos enseñó la manera de salvar una relación, de unir lo que está dividido y de restaurar lo que está roto.

Jesús no esperó que la unidad surgiese sino que la provocó, se convirtió en el catalizador de una unidad aparentemente imposible de lograr tomando una toalla y una palangana con agua y disponiéndose a lavar los pies de sus discípulos, enseñándonos que la unidad no es una idea, un discurso o una filosofía: la unidad es una acción. También enseñándonos que la unidad no es un documento firmado donde acordamos derechos y obligaciones, sino que la unidad es una nueva manera de ver a las personas que te rodean, es un cambio de perspectiva respecto a tu compañero, tu esposa, tu padre o tu hermana; es dejar de ver al otro desde arriba hacia abajo y comenzar a verlo desde abajo hacia arriba, mientras estás de rodillas frente a esa persona y tienes sus pies sucios en tus manos. Jesús está mostrándonos la manera de unirnos entre nosotros, de mantener nuestro corazón cerca del corazón del otro: el mayor sirviendo al menor, una lección que había intentado enseñar antes (Mt 20:25-28). Con esta acción sellaría el principio del servicio y la unidad.

 PRINCIPIO 3
LA UNIDAD REQUIERE HUMILLARSE CON VALOR

PRIMER MOVIMIENTO: inclinarse frente al otro

Esto representa una posición del corazón más que una posición del cuerpo: se trata de humillar tu orgullo frente al otro en favor de la unidad. Nuestro orgullo es el mayor enemigo de la unidad, ya que destruye las relaciones.

El Evangelio afirma: «Sabiendo Jesús que el Padre le había dado todas las cosas en las manos, y que había salido de Dios, y a Dios iba...» (Jn 13:3 - RVR1960). Jesús, sabiendo quién era, se ciñó como un esclavo para servir a los demás. El que está seguro de quién es no tiene la necesidad de demostrar nada.

Cuando no se está definido por dentro se quiere aparentar por fuera. La mayoría de los conflictos son producto de la terquedad de personas que quieren demostrarle algo a los demás: demostrar quién manda, quién tiene razón, quién es el bueno, quién sabe más, etc., pero sin darnos cuenta, al ganar la discusión perdemos el corazón, la confianza y la unidad con el otro; creemos estar ganando una batalla cuando en realidad estamos perdiendo la guerra. En una atmósfera de orgullo no puede haber unidad, ya que la unidad requiere humillarse con valor porque te sitúas en una posición de vulnerabilidad.

Es posible ponerte la corona de la razón y convertirte en el rey de tu reino, un reino solitario donde nadie más que tú soporta estar; sin embargo, en el reino de Dios es más importante tener amor que tener razón, saber que el que pierde gana y que el que se humilla es enaltecido por Dios. Porque humillarse no es un acto de cobardía, es un acto de valor: se necesita mucha seguridad, firmeza de carácter y una identidad sólida para ponerte en esa posición de vulnerabilidad frente a otra persona, donde literalmente le entregas el poder para vencerte. Hay que ser muy valiente para renunciar a tu defensa.

Mientras lo escupían, insultaban y golpeaban, Jesús renunció a defenderse. Podría parecer que el poder estaba en aquellos que lo torturaban, pero sabemos que el poder estaba de parte de Jesús; si solo hubiera susurrado una orden de ataque, miles de ángeles hubieran salido en su defensa (Mt 26:52-53). Sin embargo, Jesús eligió humillarse y lo hizo para unirnos a Dios. La humillación de Jesús salvó nuestra relación con Dios, y así, a veces, Dios tiene que humillarte para salvar tu relación con otra persona.

SEGUNDO MOVIMIENTO: ver correctamente la suciedad del otro

Se trata de aprender a ver los pies sucios de tu compañero sin emitir un juicio contra su corazón. Renunciar a la crítica es vital para preservar nuestra relación.

Cuando Jesús vio los pies sucios de Pedro y se dispuso a limpiarlos, este se negó, pero cuando entendió que era la manera de permanecer unido a Jesús, dijo: «Lávame desde los pies a la cabeza»; sin embargo, Jesús le contestó: «Tú eres un hombre limpio, solo necesitas que te lave los pies». Jesús vio los pies sucios de Pedro, pero esa suciedad no definía quién era él: separó los pies de su corazón, sus errores de su identidad. Lo que estaba diciéndole era: «Pedro, tus pies están sucios por el polvo del camino, por los errores que has cometido al transitar por esta vida, pero tú eres una persona limpia».

Sabemos que la sangre de Jesús nos limpia de todos los pecados, pero a medida que caminamos por esta vida el polvo de los errores se nos pega a los pies; me refiero a esas acciones egoístas que cometemos, esas verdades a medias que decimos o esos pensamientos equivocados que tenemos. Y es fácil consolarnos viendo los pies sucios de los demás —sobre todo los de aquellas personas que tenemos más cerca y en los que podemos verles en detalle el polvo incrustado entre sus dedos—; no decimos «Tus pies están sucios» sino «Eres una persona sucia», y nos alejamos de ellas sintiéndonos justificados, porque es más fácil emitir un juicio contra otro que disponerse a ser su lavador de pies.

El mundo necesita menos críticos y más lavadores de pies.

TERCER MOVIMIENTO: verter gracia sobre los errores del futuro

Se trata de tomar la decisión de perdonar a alguien antes de que te ofenda. Tomar una determinación como esta es clave para darle futuro a tu relación. Jesús lavó los pies de unos discípulos que unas horas después iban a usar esos pies para correr y abandonarlo; él lo sabía, y no solo vertió agua sobre ellos sino que vertió gracia para sus ofensas futuras. Aun lavó los pies de Judas, el hombre que iba a traicionarlo vendiéndolo a sus enemigos por unas monedas de plata.

Decidió perdonarlos antes de que le fallaran, vertió gracia sobre ellos antes de que lo ofendieran, y eso los trajo de vuelta a Jesús —a excepción de Judas, que decidió rechazar la gracia que se le ofreció—.

 ## CONCLUSIÓN

Ser como Jesús es aprender a perdonar a aquellos que nunca se disculparon. De la misma manera, si quieres darle un futuro a tu relación, debes decidir inclinarte frente al otro, debes aprender a ver los pies sucios sin emitir un juicio contra su corazón y verter gracia antes de que esa persona te falle, tomando la decisión de que perdonar será tu única opción cuando te ofenda, porque sin duda lo hará. Consciente o inconscientemente, va a fallarte. Si tomas esta decisión hoy, ya no tendrás que tomarla mañana, cuando estés confundido a causa de tus sentimientos heridos.

Si realmente tu relación con esa persona es importante, conviértete en un catalizador de unidad, inclina tu orgullo, deja de juzgar y vierte gracia sobre la persona que amas.

La pregunta es: ¿estás dispuesto a ser un catalizador de unidad en tus relaciones? El verdadero amor lo demanda.

 ## EL CIERRE

pídeles a tus alumnos que escriban en un papel un reconocimiento a alguien (quizás con una disculpa, quizás con una exaltación) y que recuerden quiénes son en Cristo (identidad) para poder humillarse sin temor y con valentía ante sus pares, pero antes escribe un mensaje a tu equipo o compañeros de ministerio, a tu pastor y a otros líderes (puedes leérselos en público o entregárselos en privado).

REFLEXIÓN

CATALIZADOR DE UNIDAD

1. ¿Cuáles son algunas de tus virtudes o talentos? No es tiempo de ser modestos: piensa en todo lo que puedes hacer y en tus intereses, que pueden desarrollar nuevas aptitudes.

2. ¿Cómo te sientes cuando los demás destacan y valoran las características de tu personalidad y tus talentos?

3. ¿Cómo te sientes cuando hacen lo contrario?

4. ¿En qué ocasión has sentido endivia de alguien? ¿Por qué?

5. Habiendo analizado tus sentimientos en las preguntas anteriores, ¿cuándo has destacado los talentos de alguien en público? ¿Y sus errores? ¿Cómo te ha hecho sentir?

6. Lee nuevamente Juan 13:1-14. ¿Qué quiso enseñarles Jesús a sus discípulos al lavarles los pies? ¿Por qué crees que fue tan importante?

7. ¿Cómo sería el «lavarle los pies» a alguien hoy en día? Haz una lista de posibilidades.

8. Lee Mateo 20:25-28. ¿Cómo podrías explicar con tus palabras lo que Jesús está diciendo? ¿Qué piensas de esa enseñanza? ¿Cómo se compara con el relato de la última cena?

9. En la lección aprendimos que «Humillarse no es un acto de cobardía, es un acto de valor: se necesita mucha seguridad, firmeza de carácter y una identidad sólida para ponerte en esa posición de vulnerabilidad frente a otra persona, donde literalmente le entregas el poder para vencerte.

Hay que ser muy valiente para renunciar a tu defensa». ¿Qué crees al respecto?

10. Aprendimos que «si quieres darle un futuro a tu relación, debes decidir inclinarte frente al otro, debes aprender a ver los pies sucios sin emitir un juicio contra su corazón y verter gracia antes de que esa persona te falle, sabiendo que lo hará». ¿Puedes ver en tu mente las situaciones difíciles que has vivido y cómo se transforman al aplicar estas verdades?

Esta semana pídele al Señor que cambie tu corazón, transformándote en un catalizador de la unidad, dejando atrás tu egocentrismo y entregándote hacia los demás como lo hizo Jesús.

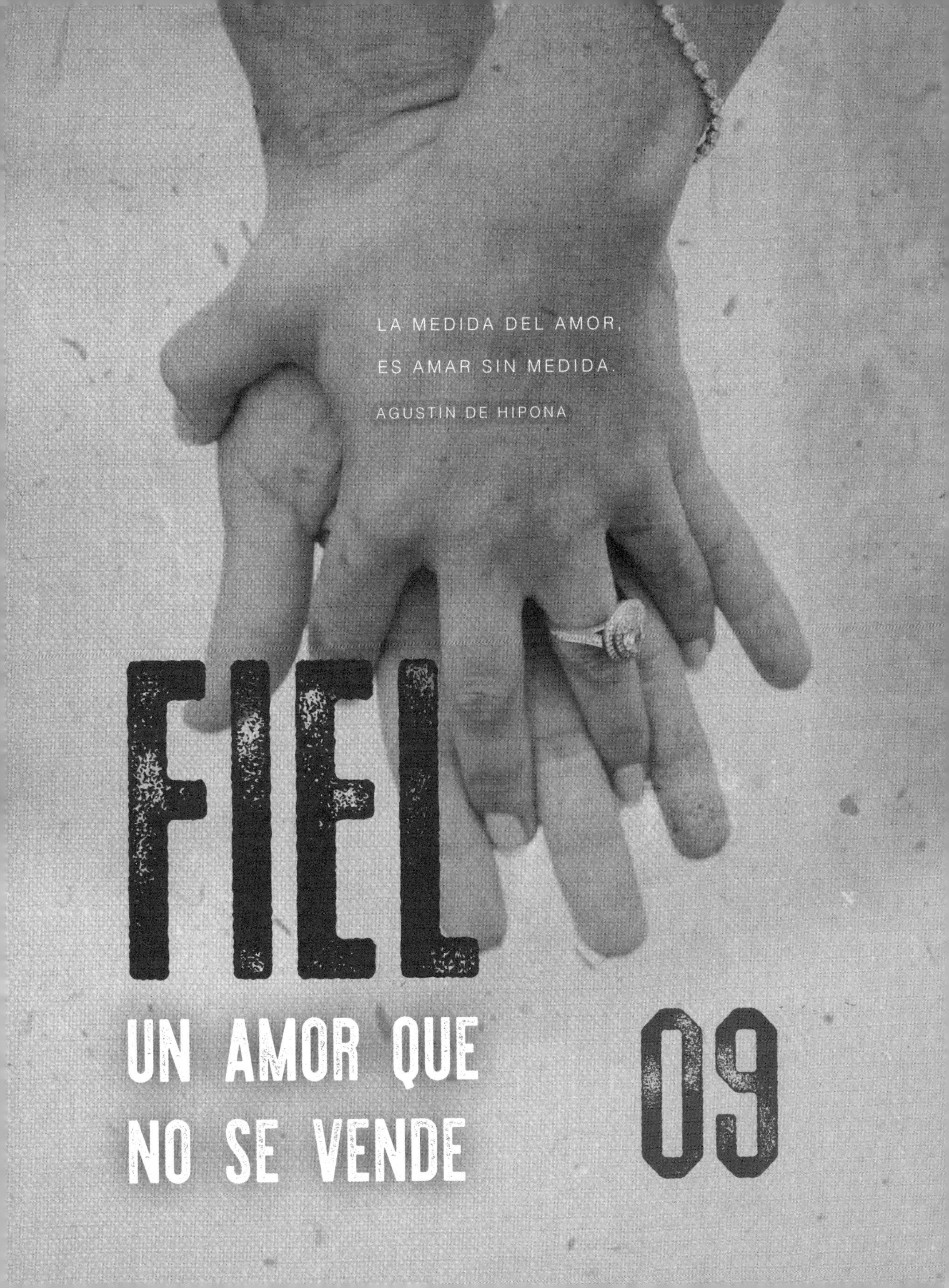

LA MEDIDA DEL AMOR,

ES AMAR SIN MEDIDA.

AGUSTÍN DE HIPONA

FIEL

UN AMOR QUE
NO SE VENDE

09

LECCIÓN 9
FIEL

Un amor que no se vende

 **VERSÍCULOS CLAVE**

Grábame como un sello sobre tu corazón. Llévame como un tatuaje en tu brazo, porque fuerte como la muerte es el amor, y tenaz como llama divina es el fuego ardiente del amor. ¡Nada puede apagar las llamas del amor! ¡Nada, ni las inundaciones ni las aguas abundantes del mar podrán ahogarlo! Si alguien tratara de comprarlo con todo cuanto tiene solo lograría que lo despreciaran. (Cantares 8:6-7)

 **INTRODUCCIÓN**

Cantares es una colección de poemas románticos que uno no espera encontrar en el libro sagrado, y escritos en un lenguaje hermoso pero con un alto contenido erótico. Sus referencias constantes a la belleza del cuerpo, al disfrute de la sexualidad y a la desesperación de los amantes hacía que a los jóvenes judíos no se les permitiera leer este texto hasta que alcanzaran la mayoría de edad.

Actualmente, la tendencia de la Iglesia sigue siendo la de interpretar el texto como una alegoría de la relación entre Dios y su pueblo, forzando demasiado el texto y alejando su significado del plano natural para elevarlo a un plano místico, para así evitar admitir que el espíritu de Dios puede estar hablando de lo que parece que está hablando.

¿Acaso Dios podría hablar de la pasión de dos jóvenes? ¿No podría hablar de la belleza de un cuerpo desnudo? ¿No podría hablar del tacto de la piel, del olor del pelo o del sabor de los labios? ¿Podría ser que Dios esté hablando de sexo? Toda la Escritura habla de Jesús, incluido este poema, pero no es lícito rechazar su mensaje más obvio, que es la exaltación del romance entre un hombre y una mujer.

Esta colección de cantos románticos describe la belleza del amor entre una campesina de Sulem y un pastor de su región, su fascinación el uno por el otro y sus encuentros apasionados. Estos versos, como piezas de un rompecabezas, forman un cuadro impresionante del amor fiel de la sulamita por su amado pastor, un amor tan real que vence a la tentación más grande y que no se rinde ante los obstáculos.

Esta no es una historia de dos, sino de tres: de dos enamorados y de un tercero que intenta capturar el corazón de la protagonista. Cantar de los Cantares está dedicado al amor inquebrantable de la sulamita, que prefirió el amor de un sencillo pastor a la gran riqueza del ostentoso rey Salomón, quien intentó enamorarla.

 ACTIVIDAD

REPRESENTACIÓN ESPONTÁNEA DE LA HISTORIA

Escoge a los personajes. Pide voluntarios pero sé inteligente a la hora de repartir los libretos: la sulamita, el pastor, los hermanos de la sulamita (dos personas como mínimo), el rey Salomón, la guardia del rey (dos personas como mínimo) y las mujeres del harén (al menos dos personas).

Al leer la siguiente narración, los actores deben representar cada parte de la historia en el momento y repetir sus líneas después del narrador (si es que escogemos uno). Pueden ponerle su propio toque imaginativo, expresiones y gestos (sin exagerar).

(Leer la narración lenta y pausadamente para que los actores puedan hacer su trabajo).

Cierto día, la joven sulamita se encontró con el pastor de ovejas en el campo y la llama del amor se encendió en sus corazones. Los hermanos de la sulamita, celosos por proteger la virginidad de su hermana a fin de entregársela a un hombre que pudiese pagar una dote más alta, intentaron alejarla de ese joven pastor. Cuando ella estaba dispuesta a ir con su amado pastor a contemplar la belleza del inicio de la primavera, sus hermanos se enfadaron con ella a causa de su obstinación por el joven, y decidieron enviarla lejos, a cuidar las viñas de la familia para así alejarla del muchacho.

Mientras la sulamita cuidaba los viñedos, el rey Salomón pasó por su territorio con su guardia real y la vio, quedando cautivado por la inusual belleza de esa mujer, a la que describió como «tan bella como las yeguas de faraón». Y así como Salomón compró las mejores yeguas de Egipto, quiso comprar también a la sulamita; la trajo a su palacio y la incluyó en su harén de mujeres, la colmó de regalos y le prometió hacerla reina. Todas las mujeres del harén alababan las virtudes del rey e insistían a la sulamita para que aceptase esa gran oferta. Convertirse en su esposa era la oportunidad de su vida, y además beneficiaría a toda su familia con el pago de la dote y la posición social de la que ahora disfrutaría.

Sin embargo, desde el principio fue evidente que la joven estaba enamorada del pastor, tan enamorada de él que las mujeres del harén le preguntaban: «¿En qué aventaja tu amado a otros hombres?», y ella les respondía con contundencia: «Mi amado es... el mejor entre diez mil». Varias veces confrontó a las mujeres de Salomón, quienes le insistían para que se entregase al rey, diciéndoles: «No despertarán... el amor hasta que quiera»; en otras palabras, no obligaría al amor a surgir.

Su corazón estaba exclusivamente reservado para el pastor sin corona. La sulamita rechazaba una y otra vez la proposición del rey, diciéndole: «Yo soy de mi amado, y mi amado es mío». Este rechazo rotundo no fue inmediatamente aceptado por Salomón, quien le insistía con todas sus armas de cortejo. Pero ella era fiel a su amado pastor: lo amaba con un amor tan inquebrantable que Salomón no pudo hacer otra cosa que dejarla ir a las montañas al encuentro de su amado, quedando sorprendido por la fuerza de su amor».

🧠 PRINCIPIO 1
ERES DUEÑO DE TU VIÑA, Y SOLO TÚ DECIDES A QUIÉN DÁRSELA

Hacia el final del poema, en el capítulo ocho, la sulamita hace una declaración desafiante al rey Salomón, diciéndole: «Yo soy la dueña de mi viña y yo decido a quién dársela; quédate con las mil monedas de plata", hablando metafóricamente de su sexualidad, y añade: «Si un hombre trata de comprar amor con toda su fortuna, su oferta será totalmente rechazada».

Ni toda la gloria que poseía el rey Salomón pudo convencer a la joven campesina para que se entregara a él, porque ella ya había decidido a quién iba a entregarse. Hoy en día es común escuchar el refrán «Todo el mundo tiene un precio», a lo que algunos orgullosamente contestan «Tú no puedes pagar lo que yo valgo», pero si tu cuerpo, tus caricias o tus besos tienen un precio —aunque sea un precio muy alto—, ahí es cuando empiezan a devaluarse. Ten por seguro que, si te pones un precio, tendrás que soportar que los demás crean que pueden negociarlo contigo.

Pero Dios honró a esta mujer en su libro sagrado porque ella no puso precio a su amor porque no estaba en venta, no dependía de la riqueza, del poder o la fama que podría obtener del mejor comprador; no aceptaba ofertas. Ella se entregó al pastor como un regalo y no se vendía porque ya no se pertenecía.

📖 LECTURA

CANTARES 4:12-13, 16

Eso la hizo deseable para Salomón: el valor radicaba en su exclusividad, y aunque el rey tenía mucho oro, tierras y posesiones, ese pastor era más rico que el rey porque la tenía a ella. Y ella lo tenía a él. Exclusivamente. Quizás esa fue la razón por la cual Salomón decidió componer este poema en honor a la sulamita, porque, aunque Salomón tenía muchas mujeres con las que tenía relaciones íntimas, la sulamita le enseñó lo que significa hacer exclusivo al amor.

🧠 PRINCIPIO 2
EL CIELO APLAUDE LA FIDELIDAD

Si hay un adjetivo que describe el amor de la sulamita es *fiel*. Este mundo aplaude el carisma, la belleza y el talento, pero el cielo aplaude la fidelidad.

Lee Mateo 25:14-30, haz un resumen o mención de la parábola a tus alumnos y luego explica:

Cuando el rey regresó y llamó a sus siervos para que le rindieran cuentas, no alabó la cantidad de dinero obtenido con sus inversiones sino que alabó la fidelidad de quienes se esforzaron en hacer producir aquello que él les había confiado. Fueron honrados por ser fieles en lo poco y eso los promocionó para asumir mayores responsabilidades; sin embargo, el siervo que escondió el dinero debajo de la tierra fue severamente exhortado por el rey, que concluyó diciendo: «El que sabe usar bien lo que recibe, recibirá más y tendrá abundancia; pero al que es infiel se le quitará aun lo poco que tiene» (Mt 25:29).

Podemos ver cuáles son las prioridades para Jesús: busca gente fiel, gente que asume un compromiso con aquello que Dios pone en su mano, que lo cuida y lo invierte para que produzca más y para que logre así todo su potencial. Y no hay nada más valioso —de todo lo que Dios nos da— que el corazón de otras personas. La fidelidad en nuestras relaciones es un asunto prioritario para Dios.

Cuando Dios te llama a amar a tu pareja, no te llama a ser perfecto, te llama a ser fiel. Sin fidelidad, todas las demás virtudes no significan nada. Por mucho que creas tener, si eres infiel no tienes nada valioso que darle a otra persona; es por eso que la infidelidad duele tanto, porque se conecta con todas aquellas cosas que eran significativas y les roba su valor, y uno se siente estafado. Así, cuando el rey nos llame para rendir cuentas de lo que hicimos con el corazón de la persona que él depositó en nuestras manos, nuestra fidelidad será asunto prioritario en esa entrevista: a los fieles se les dará más y a los infieles se les quitará todo.

🧠 PRINCIPIO 3
CUÍDATE DE LAS PEQUEÑAS ZORRAS

Nadie destruye su relación de la noche a la mañana; dicha destrucción es por un proceso de descuido.

El poema del Cantar de los Cantares usa una metáfora para describir cómo los pequeños descuidos pueden minar poco a poco una relación (Cnt 2:15). Todo labrador cerca sus viñedos con vallados que son efectivos para impedir el acceso a las grandes bestias, pero es inevitable que todo muro tenga algún pequeño agujero a través del cual entran las zorras pequeñas; el labrador tiene que hacer un gran esfuerzo para detectar esos agujeros en la cerca de protección y sellarlos lo antes posible. Además, las pequeñas zorras, al no alcanzar el fruto, comienzan a mordisquear el tronco de la vid hasta que se debilita y la vid termina inclinándose; de esta manera, devoran el fruto, pero además inhabilitan la vid para producir más fruto en el futuro, lo que las convierte en un peligro mayor para la viña. Esas son las pequeñas zorras que pasan inadvertidas y van marchitando la relación poco a poco en un proceso lento pero devastador.

La infidelidad está ligada a una actitud de desagradecimiento por tu pareja, que te hace menospreciar lo que tienes y te hace pensar que quizás estás perdiéndote algo mejor en otro lado.

Cuando no estás agradecido, cuando no te sientes conforme, tu radar se enciende y empiezas a buscar, y no pasará mucho tiempo hasta que veas algo que te llame la atención. La idea de que te falta algo se desliza entonces por tu mente.

📖 LECTURA

MATEO 5:28

Eres infiel porque no eres capaz de ver lo que tienes; ser desagradecido te ciega el alma, impidiéndote ver todas las bondades que te han sido dadas. Por el contrario, la fidelidad es el resultado de un corazón que celebra diariamente la belleza de su pareja y que practica el contentamiento. Esta es la mejor manera de matar a esas malditas zorras: mirando tu viña y exclamando a Dios con agradecimiento: «Esta es mi viña; hay muchas viñas en el mundo, pero esta es la mía. ¡Qué preciosa es la herencia que me has dado!».

Proclama esto incluso cuando no lo sientas; que no lo sientas no significa que no sea verdad.

🧠 PRINCIPIO 4
TRES LLAMAS ENCENDIDAS MANTIENEN EL FUEGO VIVO

El Cantar de los Cantares define a la sulamita de tres maneras diferentes: como amiga, esposa y amante del pastor. Son tres expresiones de la relación, como tres llamas que existen por separado pero que cuando se unen conforman la llama del verdadero amor: la amistad de un amigo, el compromiso de un esposo y la pasión de un amante. Cada llama tiene su fuerza, pero cuando se unen en una sola son una llama que no puede ser extinguida, es un fuego que perdura ante cualquier desafío.

📖 LECTURA

CANTARES 8:6-7

No puedes enfatizar una llama y olvidarte de las otras: las tres son necesarias para que la llama del amor no se extinga entre los dos.

📖 LECTURA

- ¿De qué maneras puede enfriarse una relación?

Deja que tus alumnos compartan algunas respuestas. Algunos pensarán en sus padres, otros en sus relaciones anteriores (ten en mente algunos ejemplos).

Cuando separas las llamas quedas insatisfecho y en una fría oscuridad. No fuimos creados para eso. El secreto para mantener viva una relación es luchar unidos para que no se apague la llama, protegerla juntos de los vientos de la noche y caminar tomados el uno del otro a través de la oscuridad, confiando en la luz de su amor, que es una llama divina.

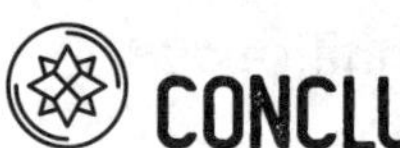 CONCLUSIÓN

1. El valor radica en su exclusividad, el guardarte para una persona que sea tu tesoro y tú el de él o ella. Cuando Dios te llama a amar a tu pareja no te llama a ser perfecto, te llama a ser fiel.

2. No hay nada más valioso, de todo lo que Dios nos da, que el corazón de la otra persona; guardarlo es nuestro deber.

3. Sin fidelidad, todas las demás virtudes no significan nada.

4. La fidelidad es el resultado de un corazón que celebra diariamente la belleza de su pareja y que practica el contentamiento.

5. La llama de la amistad de un amigo, la del compromiso de un esposo y la de la pasión de un amante forman un fuego que perdura ante cualquier desafío; es una llama que no puede ser extinguida.

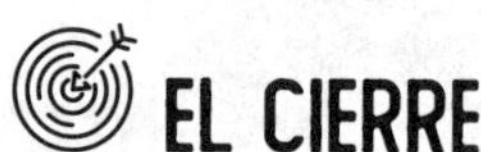 EL CIERRE

prepara de antemano unos carteles con estas cinco verdades y pégalos en tu salón, envíaselos por redes sociales o dáselos en forma de un señalador. Pídeles que, inspirados en ellos, los representen en un dibujo, un poema, como símbolos, en un acróstico o en algo que los ayude a recordarlos y compartirlos con los demás.

REFLEXIÓN
FIEL

1. ¿Cuál es para ti la definición de *fidelidad*?

2. ¿Cuál es tu percepción de la relación Dios/sexo? ¿En qué crees que se basa tu opinión?

3. Lee Cantares 4:12-13, 16. ¿Qué significa para ti la exclusividad?

4. El autor dice: «Sin fidelidad, todas las demás virtudes no significan nada. Por mucho que creas tener, si eres infiel, no tienes nada valioso que darle a otra persona; es por eso que la infidelidad duele tanto, porque se conecta con todas aquellas cosas que eran significativas y les roba su valor, y uno se siente así estafado». ¿Qué virtudes valoras? ¿Qué virtudes valoras de ti mismo?

5. ¿Por qué estás —o no— de acuerdo con la frase anterior?

6. ¿Cuáles crees que son las actuales y más comunes «pequeñas zorras» que se escabullen por los agujeros y destruyen la relación desde la raíz, sin casi ser percibidas?

7. Lee Mateo 5:28. ¿Qué piensas al respecto?

8. El secreto para mantener viva una relación es luchar unidos para que no se apague la llama, protegerla juntos de los vientos de la noche y caminar tomados el uno del otro a través de la oscuridad, confiando en la luz de su amor, que es una llama divina. ¿Cuáles crees que son las palabras más importantes de toda esta frase y por qué?

9. Quizás ya tienes una pareja para casarte o quizás todavía se trata de un sueño. ¿Cómo te imaginas manteniendo esa llama «encendida»? ¿Cuáles serían escenarios reales de la frase anterior?

10. Despierta al artista que hay en ti y haz un dibujo, un cuadro o una representación de las siguientes cinco verdades de las relaciones exitosas y colócalo a la vista:

11. El valor radica en su exclusividad, el guardarte para una persona que sea tu tesoro y tú el de él o ella. Cuando Dios te llama a amar a tu pareja no te llama a ser perfecto, sino a ser fiel.

12. No hay nada más valioso, de todo lo que Dios nos da, que el corazón de la otra persona; guardarlo es nuestro deber.

13. Sin fidelidad, todas las demás virtudes no significan nada.

14. La fidelidad es el resultado de un corazón que celebra diariamente la belleza de su pareja y que practica el contentamiento.

15. La llama de la amistad de un amigo, la del compromiso de un esposo y la de la pasión de un amante forman un fuego que perdura ante cualquier desafío, una llama que no puede ser extinguida.

10

SEXO

UN FUEGO CAPAZ DE FUNDIR DOS ALMAS

SEXO

Un fuego capaz de fundir dos almas

 ## VERSÍCULO CLAVE

Bésame una y otra vez, pues tu amor es más dulce que el vino. (Cantares 1:2)

 ## INTRODUCCIÓN

A Dios le gusta el sexo. Espero que no te hayan hecho creer que el sexo es «el fruto prohibido»; si te lo dijeron, te mintieron. Dios, el poeta detrás del Cantar de los Cantares, está invitándonos a «comer del fruto»; él nos prepara la mesa y nos invita a un banquete lleno de sabores, olores y texturas.

 ## LECTURA

CANTARES 2:3-6, 7:6-9

El autor divino usa metáforas para describir el cuerpo desnudo de los amantes, pero también describiendo sus ojos, sus labios, su cuello, su cabello, etc., comparándolos con cosas deseables y hermosas. ¿Cuál es el propósito de este poema? Sacar el sexo del cajón de las cosas vergonzosas y exponerlo en la vitrina del honor. Aunque el Cantar de los Cantares es un poema de alto contenido erótico, no es pornográfico sino que busca la exaltación de la belleza y no la mera excitación. Si tomas todas las descripciones presentadas en el cantar, el efecto global no es la fijación excesiva en alguna parte del cuerpo sino la belleza del cuerpo humano como un todo, desde los pies a la cabeza, tanto el masculino como el femenino. En la pornografía el sexo es el fin, pero en el Cantar de los Cantares el amor es el fin. ¡Y qué amor! Uno que se expresa como fidelidad, compromiso, pacto y, finalmente, como pasión, pero no desliga el sexo del resto de las expresiones del amor.

El Cantar de los Cantares no se trata de cómo tener sexo, se trata de cómo hacer el amor, y Dios es el poeta detrás del poema. Dios es el Dios del sexo. La sexualidad entre un hombre y una mujer que se aman es una idea divina, y también lo es el hecho de que esos encuentros apasionados no solo son permitidos por Dios sino promovidos por él. El sexo es un regalo divino para la humanidad. Dios disfruta cuando disfrutamos del placer con nuestro esposo y no hay nada de malo en gozar del cuerpo de nuestro amante; fue diseñado para ser practicado exclusivamente por un hombre y una mujer bajo el pacto del matrimonio. El placer sexual debe estar conectado al amor comprometido, y para eso la fidelidad a nuestra pareja es indispensable. Este poema nos habla de los beneficios del sexo, pero también de sus responsabilidades.

 # ACTIVIDAD

SEXO PREMATRIMONIAL

Entrega el siguiente cuestionario y un bolígrafo a cada alumno, y pídeles que lo respondan anónimamente y que te lo entreguen para revisar las respuestas.

Haz un círculo en la respuesta correcta:

1. *Soy mujer / hombre*

2. *Estar enamorados justifica el sexo prematrimonial.*
   Sí / No / Otro: _______________________________

3. *Si no estás listo para el matrimonio, no estás listo para el sexo.*
   Sí / No / Otro: _______________________________

4. *El sexo prematrimonial basa la relación solo en lo físico.*
   Sí / No / Otro: _______________________________

5. *El sexo prematrimonial debe ser malo porque las parejas se esconden para hacerlo.*

6. *Sí / No / Otro: _______________________*

7. *El sexo prematrimonial da un falso sentido de intimidad.*
   Sí / No / Otro: _______________________

8. *Los que tienen sexo prematrimonial luego son infieles en su matrimonio.   Sí / No / Otro: _______________________*

9. *EL sexo prematrimonial ayuda a descargar energía sexual para estar tranquilos.*

10. *Sí / No / Otro: _______________________*

11. *El sexo prematrimonial hace sentirse deseado, amado y apreciado.*
    Sí / No / Otro: _______________________

12. *El sexo prematrimonial afecta tu reputación*

13. *Sí / No / Otro: _______________________*

🧠 PRINCIPIO 1
EL SEXO ES BUENO

En el romance descrito en el Cantar de los Cantares los encuentros sexuales de la pareja son descritos como la máxima expresión de su amor, lo que refleja el pensamiento de Dios acerca del sexo. Desde el momento en que Dios les ordenó a Adán y Eva: «Tengan muchos hijos» (Gn 1:28), queda en evidencia que él no solo es el creador del sexo sino que también es su principal promotor. Dios aprueba el placer diseñando conscientemente al cuerpo humano para disfrutarlo el uno con el otro.

¿No fue Dios quien diseñó nuestro cuerpo para percibir olores, sonidos y sensaciones que producen en nosotros todo tipo de placer? No es solo por supervivencia, es un derroche de creatividad a favor nuestro solo para darnos placer; y además, añadió que era «muy, pero muy hermoso» (Gn 1:31). Por eso, si piensas que el sexo tiene algo oscuro, sucio o malo, lo que estás diciendo es que su creador tiene algo oscuro, sucio o malo. El sexo es bueno, como su creador es bueno.

Cuando alguien dice «Tengo derecho a usar mi cuerpo como yo quiera» o «A mi sexualidad la elijo yo», me imagino a Dios respondiéndoles: «No nos hacemos responsables de los daños producidos por el mal uso del sexo», porque Dios lo creó, pero si lo usas equivocadamente ya no tienes la garantía de su perfección.

Ignorar el manual del fabricante puede provocar que algo se rompa por un mal uso. Dios no es el Dios de las prohibiciones sino de las opciones; Dios no prohíbe el sexo, te da la opción de elegir disfrutarlo según su diseño o de sufrirlo según el tuyo.

 PRINCIPIO 2
EL SEXO SE CORROMPE CUANDO ES UN FIN EN SÍ MISMO

Dios creó el sexo no como un fin sino como un medio para expresar el amor, ya que el sexo encuentra sus límites en los dictados del amor. El teólogo San Agustín de Hipona lo expresó diciendo: «Ama y haz lo que quieras», porque cuando amas, todo lo que quieres será para el bienestar máximo del ser amado.

Sin embargo, la pureza del sexo puede corromperse cuando deja de ser un medio para expresar el amor y se convierte en el fin último. La creación de Dios se corrompe cuando deja de servir al propósito para el cual fue diseñada; comer, beber, jugar, dormir o comprar, lo que sea, cuando deja de cumplir la función para la cual fue diseñado por Dios se corrompe, se transforma en el centro de nuestros deseos hasta que termina robándonos el placer que nos daba al principio.

La palabra *lujuria* proviene del término griego 'epithumia', que es la unión de dos conceptos: *epi* que significa 'en', y *thumos* que significa 'mente'. La lujuria hace que algo ocupe un lugar excesivo en la mente; equivalente a la esclavitud y rinde todo el potencial de tu mente a una sola cosa.

Así es como comienza una adicción, pero lo peor es cómo termina: te roba el placer. La pornografía, la prostitución o la promiscuidad son manifestaciones de la lujuria, la evidencia de que el medio se convirtió en el fin, de que el sexo dejó de servir al amor para servirse a sí mismo. Cuando el sexo toma el control de la mente de una generación se venden mujeres en la calle como productos de consumo, se proyecta la intimidad en las pantallas, se abusa de la inocencia de los niños y se desviste a las personas con la mirada; cuando el sexo toma el control de tu mente, aquello que llaman libertad sexual en realidad se convierte en esclavitud sexual.

Lee 1 Reyes 3:5 y pregunta a tus alumnos:

- Si Dios te dijera «*Pídeme lo que quieras que voy a dártelo*», ¿qué pedirías?

Dales unos minutos para que piensen y respondan.

Salomón no pidió poder o riquezas sino que pidió «sabiduría, para poder gobernar bien a tu pueblo y para tener un buen discernimiento de lo que es bueno o es malo [...]» (1 R 3:9-12). Esta petición le agradó tanto a Dios que le concedió ser el hombre más sabio que existió y existirá en la tierra; nadie será nunca tan rico y famoso como lo fue Salomón.

Hacia el final de su vida Salomón escribió un texto extraño, oscuro y depresivo llamado Eclesiastés, en el cual se lee «nada vale la pena; todo es vano» (Ec 1:2), como si hubiese perdido la alegría de vivir, como si hubiese perdido su asombro por la belleza de la vida.

Cualquiera que lea los Proverbios y después lea Eclesiastés se da cuenta de que, aunque se trata del mismo autor, su estado mental era diferente. ¿Qué ocurrió en la vida de Salomón entre Proverbios y Eclesiastés? Ocurrió que el hombre más sabio del mundo hizo la cosa más estúpida del mundo: no poner límites a su placer. Los excesos te roban tu capacidad para disfrutar el placer; la sobreestimulación te hace insensible.

🧠 PRINCIPIO 3
EL SEXO SEGURO ES EL QUE SE PRACTICA SEGÚN SU DISEÑO

Cuando tienes relaciones íntimas fuera del tiempo para el cual fue diseñado, el sexo se corrompe: algo bueno en el momento equivocado se convierte en algo malo (Ec 3:11).

En el acto sexual se establece la unión más profunda que existe entre dos personas; sean conscientes o no de ello, cuando sus cuerpos se unen sus almas se funden (1 Co 6:16). En el acto sexual las almas se funden. «Se vuelven una sola persona» es una declaración muy profunda que describe lo que ocurre más allá de la piel de los implicados: aunque sea pasión de una noche, aunque «no significa nada», quedamos ligados. La sexualidad es un fuego que funde dos almas y las convierte en una sola, y por eso es una necedad pensar que después puedes separarlas en frío sin que se produzca una ruptura. Algo de él queda en ella y algo de ella queda en él. Algo se pierde. Siempre. El sexo, desligado del pacto del amor, es inevitablemente dañino, y las heridas del alma no se perciben tan rápido como las del cuerpo, pero son igualmente reales y aún más duraderas.

Por eso Dios lo estableció dentro de un compromiso de protección para el alma y para siempre, porque en el acto sexual se produce una unión tan profunda que sin un pacto que la proteja puede destruir profundamente. Ese pacto de protección se llama *matrimonio*. No tenemos derecho a entrar en un lugar tan sagrado como el alma de una persona si no nos comprometemos a cuidar su alma para siempre.

En conclusión: el mejor sexo, el más seguro, se obtiene cuando se practica según el diseño de su creador, como una expresión del amor dentro del pacto matrimonial. Cuando así ocurre, los esposos son bendecidos por Dios con estas palabras: «¡Oh, amado y amada, coman y beban! ¡Sí, beban hasta saciarse!» (Cnt 5:1).

🧠 PRINCIPIO 4
EL SEXO DEL BUENO TRAE LIBERTAD, NO VERGÜENZA

Lo que atrae profundamente de la relación entre la sulamita y el pastor que describe Cantares es el estado de libertad absoluta: ellos estaban el uno frente al otro, completamente desnudos pero sin sentir vergüenza, tal como lo estaban Adán y Eva en su estado de perfección en el paraíso (Gn 2:25).

Tristemente, algunos de nuestros recuerdos más dolorosos están conectados con nuestra sexualidad. Así es para la mayoría. Quizás alguien te tocó cuando eras un niño, o alguien te forzó, te entregaste y solo te usó, etc., y el sexo no se conecta en tu caso con la alegría sino con la tristeza; no se parece al paraíso sino a la vergüenza por lo que te hicieron o por lo que has hecho.

Fuimos creados libres de la vergüenza; sin embargo, el gobierno del amor fue derrocado por la tiranía del pecado y una de las primeras cosas que resultó afectada fue nuestra sexualidad. Eso es lo que hace el pecado, lo corrompe todo: «Tan pronto lo comieron, se dieron cuenta de que estaban desnudos y sintieron vergüenza» (Gn 3:7). Dios los amó aun en su pecado, viendo destruida parte de la belleza de la relación: «Dios el Señor hizo túnicas de pieles de animales, y con ellas vistió al hombre y a su mujer» (Gn 3:21). Notemos que esos animales, de donde se tomaron las pieles, fueron sacrificados por nuestra culpa.

En la cruz, así mismo, se sacrificó Jesús para cubrir nuestra indignidad: fue desnudado delante de la humanidad, expuesto de forma vergonzosa para cubrirnos y liberarnos de la esclavitud de nuestros errores. Eso es lo que hace Jesús: lo restaura todo, convierte nuestros fracasos en un testimonio de perdón, liberación y esperanza, y por esa razón no hay nada en tu sexualidad que no pueda ser redimido por el poder de Jesús.

Cierre: ¿Recuerdas la actividad *Cordón de tres hilos* (lección 5)? Si todavía tienen sus pulseras, trae a tu clase, para esta lección, alguna clase de cuentas (*beads*, en inglés) que puedan insertarse en ellas. (Lleva algunas ya hechas para aquellos que no las tengan). Trata de que las cuentas sean lindas y originales, y que sirvan para chicas y chicos. Pueden ser una o muchas, según tus posibilidades. Al colocarlas en las pulseras, hagan el compromiso con sus compañeros de mantener una vida sexual «de la buena», a la manera de Dios. Pide restauración de la vida sexual de aquellos que ya hayan tenido relaciones íntimas y de quienes han sido abusados.

Cierra leyendo 1 Corintios 6:18 y explica que ser santos es estar separados para Dios para tener una vida plena. Ora por sus futuros esposos y esposas, con quienes disfrutarán al máximo.

REFLEXIÓN
SEXO

1. ¿Por qué crees que Dios nos hizo sexuados?

2. Cuando escuchas cosas como «Tengo derecho a usar mi cuerpo como yo quiera» o «A mi sexualidad la elijo yo", ¿qué piensas al respecto?

3. ¿Cuál crees que es la opinión de Dios con respecto a disfrutar del sexo?

4. ¿Qué sientes al leer: «Cuando tienes relaciones íntimas fuera del tiempo para el cual fue diseñado, el sexo se corrompe: algo bueno en el momento equivocado se convierte en algo malo»?

5. ¿Cuál sería para ti la escena perfecta para el momento más íntimo? ¿Cómo se sentiría en el alma?

6. ¿Cuál es tu concepto del matrimonio?

7. ¿Por qué crees que es tan importante para Dios que le obedezcamos?

8. ¿Qué vergüenzas necesitas entregar al Señor?

9. Lee 1 Corintios 6:18-20 y 1 Tesalonicenses 4:3-8. El pecado lo corrompe todo, pero pensando en la palabra «santos» (que significa que somos apartados para Dios, separados o diferentes) vemos que estos versículos nos animan a que seamos diferentes. ¿Qué te llama más la atención en estas lecturas?

10. «El mejor sexo, el más seguro, se obtiene cuando se practica según el diseño de su creador, como una expresión del amor dentro del pacto matrimonial. Cuando así ocurre, los esposos son bendecidos por Dios». ¿Estás listo para tener el compromiso personal de disfrutar de la sexualidad como Dios la creó? Inventa un símbolo que para ti signifique «sexo

seguro» según el manual del creador y colócalo en algún lugar donde lo veas todos los días.

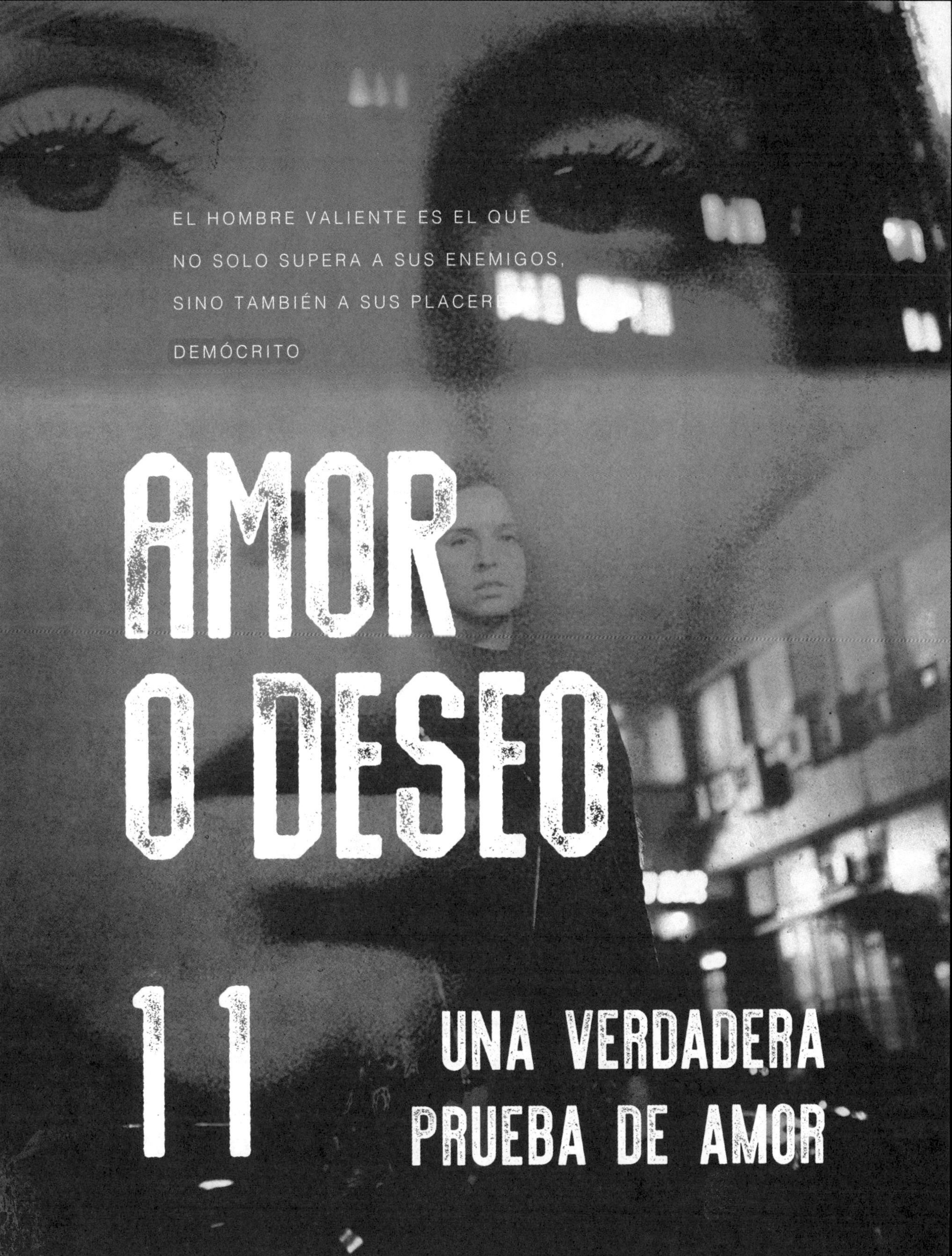

EL HOMBRE VALIENTE ES EL QUE
NO SOLO SUPERA A SUS ENEMIGOS,
SINO TAMBIÉN A SUS PLACERES
DEMÓCRITO

AMOR
O DESEO

11

UNA VERDADERA
PRUEBA DE AMOR

LECCIÓN 11
AMOR O DESEO
Una verdadera prueba de amor

 ## VERSÍCULOS CLAVE

El príncipe Absalón, hijo de David, tenía una hermosa hermana llamada Tamar. Amnón, su medio hermano, se enamoró intensamente de ella. Tanta angustia sufrió Amnón por aquel amor que se sintió enfermo. No encontraba la manera de estar a solas con ella, pues ella era virgen [...] Pero Amnón no atendió a sus ruegos, sino que, como era más fuerte que ella, la agarró por la fuerza y la violó. Luego, repentinamente su amor se convirtió en odio, y la odió mucho más de lo que la había amado.

—¡Largo de aquí! —le gritó.

—¡No, no! —lloró ella—. Rechazarme ahora es un crimen peor que el que ya has cometido. (2 Samuel 13:1-6, 10-16 – Leer todo el pasaje)

INTRODUCCIÓN

Este es el relato de una obsesión que terminó en tragedia. Un amor ardiente que lo llevó a perder la cabeza, que convirtió sus besos en mordiscos, sus caricias en arañazos y sus manos en cadenas; en un instante, cambió el honor de una preciosa mujer en vergüenza por tan solo unos segundos de placer.

Después de abusar de ella, un cambio radical se produjo en su corazón: «Repentinamente su amor se convirtió en odio, y la odió mucho más de lo que la había amado» (2 S 13:15). Cuando se consumió el fuego del deseo quedaron las cenizas del desprecio; aquello que él había definido como verdadero amor se convirtió en verdadero odio.

Si continúas leyendo el relato bíblico podrás observar que este acontecimiento desencadenó una serie de catastróficas consecuencias, terminando Tamar profundamente avergonzada, Amnón brutalmente asesinado y la familia irremediablemente dividida.

IDEA

Esta lección tiene la actividad al final. Es recomendable que hagas unos carteles o imágenes con los títulos de los cinco principios que destacaremos hoy para que tengas una guía visual (también puedes imprimir algunas de las frases).

PREGUNTAS

- ¿Qué cosas solemos decir que «amamos» cuando en realidad tiene que ver con disfrutarlas o que nos gustan mucho? (por ejemplo: «Amo ir de compras a ese mercado», «Amo esos pantalones», «Amo ese automóvil», etc.).

- ¿Por qué será que utilizamos esa palabra y no otra?

PRINCIPIO 1
DESEAR NO ES AMAR

Lo más preocupante de esta antigua historia es que es una historia actual, que ocurre constantemente, e incluso tú mismo puedes ser el protagonista. El mundo anhela el amor, pero confunde el amor con el deseo.

Amnón creía amar a Tamar, tenía mucho sentimiento pero insuficiente significado; la deseaba pero no la amaba, porque si realmente la hubiese amado hubiese sido capaz de refrenar su deseo sexual para no deshonrarla.

Amar es buscar el bienestar máximo de la otra persona, incluso por encima del propio bienestar personal; es derramarte sobre el ser amado como agua que se derrama sobre una flor. El amor se preocupa por el bienestar a largo plazo, pero el deseo solo piensa en satisfacer el capricho momentáneo.

Muchas son las cosas que aparentemente no provocan ningún mal pero en realidad están sentenciando a nuestra pareja a la muerte. Por eso, el o la que ama muchas veces tiene que decirse no o decirle no a su amada o amado, porque el que ama no busca hacer feliz a su pareja solo por un momento, sino el hacerla feliz a largo plazo. Amnón pensó que el amor se mide por cuánto deseo sientes por la otra persona, y no entendió que el amor se mide por cuántos deseos estás dispuesto a sacrificar por el bienestar de la otra persona; él ardía por Tamar con un fuego equivocado; la deseaba, pero nunca llegó a amarla. ¡Qué poco duró la llama de este hombre!

Amnón amaba más las emociones que sentía por Tamar que lo que amaba a la propia Tamar, y confundió estar enamorado de ella con amarla de verdad. Creyó que amar es sentir, cuando en realidad amar es buscar el máximo bienestar de la otra persona a pesar de lo que sientes —a veces, aun en contra de lo que sientes—.

¡Ten cuidado! Todos estamos en peligro de ser dominados por el espíritu de Amnón, tanto hombres como mujeres.

🧠 PRINCIPIO 2
NO PUEDES TOMAR LO QUE NO TE PERTENECE

Por si fuera poca la falta de cordura de este necio, no solo no tenía amor por la princesa sino que tampoco tenía temor al rey, que era su padre y el padre de ella. Una catástrofe se avecinaba.

Nosotros somos los hijos del rey, Dios es el rey de la historia, y la princesa de la que nos hemos enamorado es también hija del mismo rey, quien antes que rey, es padre. El padre está emocionalmente involucrado en este asunto, y aunque no es agradable admitirlo, acostarte con la hija del rey sin el consentimiento de su padre es violar a su hija; hasta que el padre no te la da, su hija es de su pertenencia. También al revés, seducir a un hombre y engañarlo para acostarse contigo sin que el padre dé su bendición es estar violando a su hijo, porque violar significa entrar en un terreno que no te pertenece.

Cuando das rienda suelta a tu deseo sexual de forma prohibida, sin la bendición del padre, aunque lo excuses alegando que es amor estás profanando algo sagrado. ¿Cómo te defenderás de la ira de un rey que ha sido burlado? ¿Cómo te defenderás de la ira de un padre cuya hija ha sido deshonrada, o de un padre cuyo hijo ha sido engañado?

Los que tienen el espíritu de Amnón se dan a conocer porque desean el placer pero rechazan la responsabilidad, persiguen la intimidad física pero huyen del pacto matrimonial, quieren disfrutar de los beneficios del sexo pero no pagar el precio del compromiso y son expertos en manipular emocionalmente a sus parejas para lograr lo que desean.

Tener sexo en cualquier momento no demuestra nada porque darlo no requiere un sacrificio; sin embargo, reservarlo hasta el momento correcto implica el sacrificio de nuestros deseos más fuertes. De la historia de Amnón y Tamar aprendemos que cuando satisfaces tu deseo sexual de forma prohibida, aquello que tanto deseabas se convierte en lo que más aborreces.

🧠 PRINCIPIO 3
EL AMOR BASADO EN EL DESEO PRODUCE FALSAS EXPECTATIVAS

Es fácil entender que Tamar aborreciese al hombre que la deshonró, pero ¿por qué Amnón la aborreció a ella cuando la había deseado tanto? Porque puso en el sexo una expectativa equivocada. Amnón pensó: «Si la poseo, entonces me sentiré pleno». Creyó que ella era la respuesta a las preguntas más profundas de su corazón: «¿Quién soy?, ¿Cuánto valgo?, ¿Para qué existo?», pero solo consiguió una insoportable sensación de estar incompleto, de ser aun menos que antes. Entonces Amnón volvió a mirar a Tamar y sintió ira contra ella.

Lo que Amnón no entendió es que el sentido de su vida, la plenitud de su alma y las respuestas a las preguntas de su corazón no se encontraban en Tamar sino en el rey, en su padre. Nuestro significado se encuentra en la bendición del Padre.

El sexo en el momento incorrecto separa y anula todos los planes de futuro. Quienes se adelantan a tomar algo que Dios todavía no les ha entregado provocan más dolor que la maldad.

Si hay algo que debería causarte temor es saber que un día estarás cara a cara con el rey y que no conviene que él pueda reprocharte la muerte de una de sus hijas a causa de la irresponsabilidad con la cual trataste su corazón. Piensa en eso la próxima vez que seas tentado a excederte con una princesa.

🧠 PRINCIPIO 4
EL SEXO NO ES UNA PRUEBA DE AMOR, ES LA RECOMPENSA DEL AMOR

Una verdadera prueba de amor es dar tu virginidad en la noche de bodas, porque solo los valientes son capaces de vencerse a sí mismos.

La cultura promiscua nos ha enseñado que la libertad es hacer siempre lo que deseas y significa satisfacer tus instintos sin restricciones, pero no hay nada que te esclavice más que someterte a los designios de tus deseos, ser un siervo de tus instintos. El amor es para valientes; cualquiera puede tener sexo, pero solo los valientes hacen el amor. El amor de los valientes dice *no* a algunos estímulos para decir *sí* a algunas convicciones.

Dios permite que experimentes el deseo sexual antes de ser apto para usarlo para que tengas la oportunidad de conquistarte a ti mismo y vencer la batalla contra tus impulsos violentos. Solo los valientes que han conquistado su sexualidad pueden regalarle su virginidad a la persona que aman, algo de un valor simbólico tan elevado que el dinero jamás podrá comprarlo.

Darle en la noche de bodas algo exclusivo a tu amada o amado, algo que no le has dado a nadie y que jamás se lo darías a otra u otro, un tesoro que te costó una gran lucha obtener, y que representa años de espera, disciplina y sacrificio —y hasta la burla de otros— constituye una historia de valor y un obsequio de un costo invaluable. Significa decirle «Esto es lo que vales para mí; mi compromiso, mi sacrificio, mi alma y mi cuerpo son solo tuyos». Esa puede ser tu prueba de amor. ¿Qué puede superarlo? Nada.

PRINCIPIO 5
DIOS ES EL ÚNICO QUE PUEDE RESTAURAR LO PERDIDO

Si entregaste tu virginidad a alguien que ya no forma parte de tu vida y piensas: «No hay restauración para mi error, ya no tengo nada exclusivo que ofrecerle a la persona con la que me casaré, lo he perdido y es irremplazable», déjame decirte que nuestro Dios es capaz de restaurarlo todo, incluso tu pureza sexual. La gracia de Dios tiene el poder de hacer todo nuevo, incluso darte una nueva virginidad, para que luches por ella y lleves el tesoro de tu conquista a alguien especial en tu noche de bodas. Poder entregarte intacto a la otra persona es maravilloso, pero no significa que quedaste afuera de los planes de Dios; él quiere renovar tu alma y que disfrutes de tu sexualidad.

Lee Juan 8:3-5. El Evangelio nos cuenta la historia de una mujer cuya alma estaba arruinada, sorprendida en el acto mismo del adulterio. La gracia está a punto de dictar sentencia, porque la gracia es una persona: la gracia es Jesús. En silencio, la gracia se inclinó a la altura de ella.

La primera vez que Dios se inclinó y metió su mano en el barro fue cuando formó al ser humano del polvo de la tierra. Al volver a inclinarse junto a esta mujer y al tocar el polvo, estaba recordando de dónde venía, estaba recordándonos de dónde venimos; somos barro y sin el espíritu de Dios no somos más que polvo llevado por el viento.

La Ley se mantuvo erguida con su piedra en la mano. La gracia se inclinó y metió su mano en el polvo donde yacemos sin esperanza. Jesús, desafiando a los acusadores y señalando al polvo, les dijo: "Aquel de ustedes que nunca haya pecado, tire la primera piedra" (Jn 8:7). Acusados los acusadores por sus propias consciencias, fueron retirándose uno por uno. Cuando quedaron solos, Jesús levantó a la mujer del polvo para restaurar su alma, para hacerla nueva (Jn 8:10-11). Jesús, el único sin pecado, le dio un nuevo comienzo. Ese es el poder de la gracia.

De la misma manera, Jesús se inclina hacia ti, a la altura del polvo donde te encuentras en este momento y te pregunta: "¿Dónde están los que te acusaban?" Se refiere a esas voces fuera o dentro de ti que te condenan diciéndote: "Tu error es irreparable. Ya no hay pureza en ti. No tienes nada para ofrecer". Jesús te levanta del polvo para hacerte nuevo y te recuerda: "La única voz que debes escuchar es la mía, la que hoy te dice: yo no te condeno, vete y no peques más", y te da el poder para vivir de pie el resto de tu vida. Quien tiene su vestido roto por el poder destructor del deseo, puede recibir un nuevo vestido de pureza. Ese es el poder restaurador de la gracia.

CONCLUSIÓN

- **Desear no es amar:** el amor se preocupa por el bienestar a largo plazo, el deseo solo piensa en satisfacer el capricho momentáneo.

- **No puedes tomar lo que no te pertenece:** cuando das rienda suelta a tu deseo sexual de forma prohibida, sin la bendición del padre, aunque lo excuses alegando que es amor, estarás profanando algo que es sagrado.

- **El amor basado en el deseo produce falsas expectativas:** el sentido de la vida de Amnón, la plenitud de su alma y las respuestas a las preguntas de su corazón no se encontraban en Tamar sino en el rey, en su padre. Nuestro significado se encuentra en la bendición del Padre.

- **El sexo no es una prueba del amor, es la recompensa del amor:** cualquiera puede tener sexo, pero solo los valientes hacen el amor. El amor de los valientes dice *no* a algunos estímulos para decirle *sí* a algunas convicciones.

- **Dios puede restaurar lo perdido:** quien tiene su vestido roto por el poder destructor del deseo, puede recibir un nuevo vestido de pureza. Ese es el poder restaurador de la gracia.

 EL CIERRE

termina con la siguiente actividad.

MOSTRANDO VERDADERO AMOR

Entrega una de estas hojas a tus alumnos con un bolígrafo y una Biblia, y dales unos minutos para reflexionar y responder.

1. *Somos llamados a amar como Dios ama:* la siguiente descripción del amor de Dios se encuentra en 1 Corintios 13:4-7. Todas nuestras relaciones deberían tener estas quince cualidades. Con detenimiento, considera el significado de cada una y piensa qué demostraciones de afecto concuerdan con ellas durante el noviazgo.

2. *Acercamientos sexuales llevan a relaciones sexuales: un acto prosigue al siguiente.* Cuando se trata de los límites en tu relación, ¿cuán tentado te sientes a seguir adelante? Lee 1 Corintios 10:13. ¿Qué maneras de escapar de la tentación sexual nos provee Dios?

3. ¿Qué parámetros establecerás para tu noviazgo? ¿Cómo podrías recordarlos la próxima vez que te sientas tentado?

REFLEXIÓN
AMOR O DESEO

1. ¿Cuál es la diferencia entre amor y deseo? ¿Por qué son tan fáciles de confundir?

2. ¿Qué significa para ti «El amor se preocupa por el bienestar de la otra persona a largo plazo»?

3. ¿Qué piensas de la siguiente frase?: Tener sexo en cualquier momento no demuestra nada porque darlo no significa un sacrificio; sin embargo, reservarlo hasta el momento correcto sí significa un gran sacrificio, como perder oportunidades de acercamiento a alguien que te gusta, no dejarte llevar por las emociones o hasta recibir burlas de los demás».

4. ¿Cómo cambia tu perspectiva de las citas y del noviazgo el pensar que Dios es el padre celoso de tu novio o novia?

5. ¿Cuál ha sido tu desilusión amorosa más grande? ¿Qué expectativas tenías de la otra persona?

6. ¿Qué piensas del mantenerse exclusivo para quien sea tu esposo?

7. ¿Qué situaciones en una cita sabes que te llevarán, sexualmente hablando, más lejos de lo que quisieras ir?

8. ¿Cómo puedes escapar a las tentaciones o sobreestimulaciones sexuales?

9. ¿Cuáles crees que serían los parámetros más sanos para el noviazgo?

10. Lee 2 Corintios 5:17-21. ¿Cómo encontramos restauración sexual y emocional en Dios?

Si al reflexionar en este tema sientes que necesitas restauración y deseas que Dios te limpie y haga nuevo tu cuerpo y corazón, habla con uno de tus líderes; no te quedes solo con el deseo. Dios quiere y puede restaurar todas las cosas, él es nuestro creador y el único que puede hacernos nuevos en él.

REDENTORES

LA RESTAURACIÓN DE LAS PERSONAS

R E
D E N
T O R

12

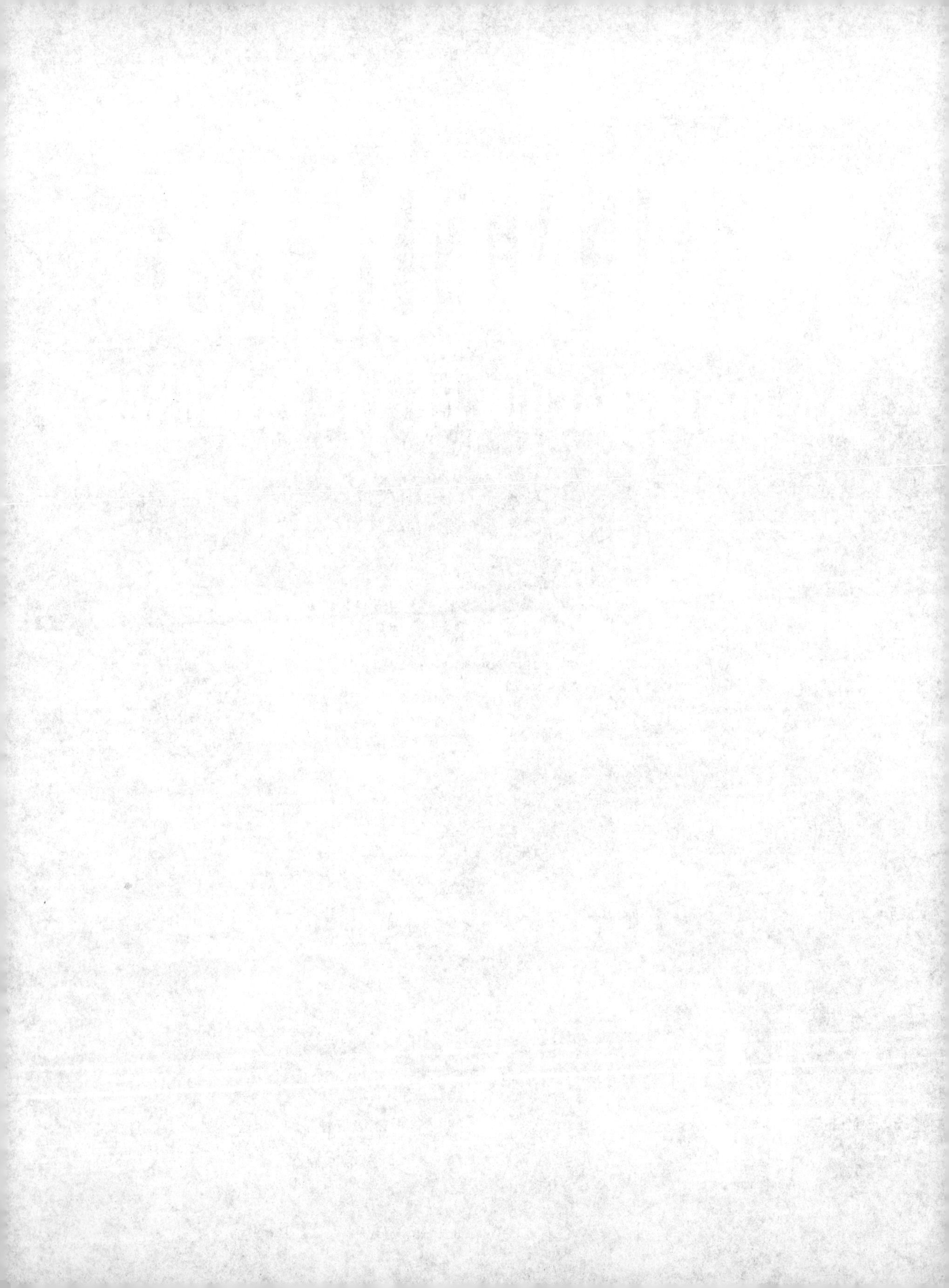

REDENTORES

Restauración de las personas

 ## VERSÍCULOS CLAVE

[...] Entonces el Señor me habló por segunda vez, y me dijo: «Ve y busca a tu esposa de nuevo, y tráela de vuelta contigo y ámala, aunque ella ame a otro hombre. ¡Porque así es como el Señor ama a los israelitas, aunque ellos han preferido rendir homenaje a otros dioses y participan de las comidas especiales que les ofrecen!».

Así que la compré por ciento ochenta gramos de plata y trescientos sesenta litros de cebada, y le dije: «Serás mi esposa por mucho tiempo. No te portarás más como una prostituta durmiendo con muchos hombres, sino que me serás fiel. También yo te seré fiel». (Oseas 3:1-3 – Leer todo el pasaje)

 ## INTRODUCCIÓN

Israel había abandonado su fidelidad a Dios para entregar sus afectos a los dioses falsos y aunque el profeta Oseas había confrontado al pueblo con un discurso, no había palabras capaces de cambiar su corazón helado. Entonces, Dios habló al profeta diciendo: «A partir de ahora, tú serás mi mensaje viviente, encarnarás mi amor por este pueblo infiel y sentirás todo lo que yo siento».

Dios le pide a Oseas que ame a una mujer hermosa pero con serios problemas emocionales que va a serle infiel; le pide que persista en amarla a pesar de sus traiciones. El desafío que Dios le hace a Oseas es el de amar como él ama.

Al leer este libro es como si Dios se abriese el pecho delante de nosotros y nos enseñase las entrañas de su ser. Dios tiene corazón y le duele. «¡Me duele el corazón por ti [...]!» (Os 11:8). El Creador, el Eterno, el Todopoderoso, el Omnisciente, el Santo y el de mil atributos divinos más, tiene corazón; es un Dios que siente, que responde y que es vulnerable a estímulos externos a él. El libro de Oseas nos presenta a un Dios capaz de sufrir. ¿Y cuál es el motivo de su sufrimiento? Las personas como tú y yo, a las que creó para amarlas, pero dándoles la libertad para que pudiesen elegir responder o no a su amor. Israel había roto su corazón: «Entonces el Señor lamentó haber creado al ser humano y haberlo puesto sobre la tierra. Se le partió el corazón» (Gn 6:6 NTV). Quizás las gotas que cayeron del cielo en el diluvio fueron las lágrimas de un Dios con el corazón desgarrado.

Nos es sencillo percibir a Dios como creador, como juez supremo, como conjunto de verdades, como sistema religioso, pero ¿como un amante? ¿Como alguien que toma el riesgo de hacer una declaración de amor a gente con libre albedrío? ¿Como alguien que se hace vulnerable al dolor del rechazo o la infidelidad?

La historia que encontramos en la Biblia es la de un ser que ama y sigue amando aun cuando no es correspondido. Cuando fijo mi mirada en Jesús clavado en esa cruz, el Omnipotente metido dentro de la delicada piel humana, desnudo delante de todos, en lo único que puedo pensar es en que se trata de la declaración de amor más grandiosa que se ha hecho; Jesús es el corazón que Dios le ofrece al mundo, un corazón que estrujamos en esa cruz pero que persistió en amarnos, enseñándonos que amar es romper las barreras de protección que te separan del otro. Amar es hacerte vulnerable exponiendo tus sentimientos primero, aun a riesgo de no ser correspondido; amar es correr el riesgo de que te estrujen el corazón, y eso es lo que Dios estaba pidiéndole a Oseas.

PRINCIPIO 1
LA SED SOLO SE SACIA CON AGUA DE VIDA

Al principio parecía que el matrimonio funcionaba —hasta tuvieron dos hijos—, pero con el paso del tiempo fue revelándose la ambición oculta en el alma de Gómer que, insatisfecha con su vida, comenzó a desconectar su alma de la de su esposo y a mirar a otros hombres que, según ella, podrían saciar la sed de su alma. Estaba sedienta por algo que no sabía identificar muy bien pero creía que otros hombres la harían sentir mejor, así que impulsada por su sed fue a beber de la boca de otros hombres en secreto, e incluso a acostarse con hombres casados que le pagaban bien por su silencio. Durante unos meses fue capaz de ocultar su doble vida a Oseas, hasta que ocurrió algo que ya no pudo ocultar: quedó embarazada de otro hombre, y ni siquiera estaba segura de cuál. Gomer decidió que no quería dedicar su vida a ser la esposa de un profeta pobre ni la madre de unos hijos demandantes, así que abandonó a su familia dejando una nota sobre la cama que decía: «Me merezco una vida mejor que esta y voy a salir a buscarla hasta quedar satisfecha».

Es fácil juzgar a Gómer, pero ¿somos nosotros mejores que ella? No. Todos tenemos una sed profunda en el alma por algo que nos haga sentir completos y la mayoría de las veces buscamos satisfacernos en los lugares equivocados. El síndrome de Gómer nos recuerda una conversación que Jesús tuvo con una mujer en un pozo de la ciudad de Samaria. Esta mujer contaba en su historial con cinco maridos y tenía serios problemas emocionales. La conversación nos revela cuál es la única fuente capaz de satisfacer el alma humana.

 LECTURA

JUAN 4:7-10, 13-19

En aquella cultura, si un hombre se dirigía a una mujer extraña en una conversación privada, no se lo consideraba como algo apropiado ni legal. Jesús rompe las reglas y no solo le habla a la samaritana sino que toca sus heridas más profundas. «Dame un poco de agua» (Jn 4:7-8), dijo Jesús, quien no quería tomar el agua de esta mujer sino que quería ofrecerle un agua viva capaz de satisfacer su alma por toda la eternidad (Jn 4:14). «Ve, llama a tu esposo y regresa acá. La mujer respondió: No tengo esposo» (Jn 4:16-17).

Sin que siquiera se diera cuenta, Jesús conecta la sed de esa mujer con su historial de promiscuidad. Jesús le dice: «Has intentado saciar tu sed con el amor de los hombres, pero lo que tu alma anhela es una clase de amor que ningún hombre puede darte. Tu alma ha sido diseñada para ser completada con el amor de Dios. Ese amor divino es la única fuente capaz de satisfacerte eternamente».

Regresando al relato de Oseas, no sabemos con seguridad cuánto tiempo estuvo Gómer entregando su cuerpo a cambio de dinero, pero su estilo de vida la dejó ahora rogando a los hombres por un servicio más que le permitiese cubrir sus gastos; literalmente, se convirtió en una esclava, terminó poseída por aquello que creía poseer. El profeta, con el corazón destrozado y un torbellino de emociones, no sabía qué hacer y Dios le dijo: «Ama a esa mujer, paga su deuda y tráela de vuelta a ti, para que Israel entienda qué significa el verdadero amor» (Os 3:1). Cuando alguien responde al desafío del amor, el espíritu divino le da poder para hacer lo que humanamente parece imposible.

Al igual que Gómer y la samaritana, podemos usar las relaciones románticas como fuentes para saciar la sed de nuestra alma, haciéndonos capaces de entregar cualquier cosa por nuestra dosis del día, pero mañana nuevamente volveremos a tener sed; sin embargo, si bebemos de la fuente inagotable del amor divino estaremos tan satisfechos que podremos practicar el verdadero amor; no se trata de recibir sino de dar, no se trata de absorber sino de derramar.

PRINCIPIO 2
PUEDES SER EL REDENTOR DE TUS RELACIONES

La Biblia usa una palabra poderosa para describir lo que hizo Oseas con Gómer: *redención*, que significa liberar a una persona de la esclavitud mediante el pago de un precio. Haciéndose cargo de su deuda la liberaba, le devolvía su dignidad perdida. Un redentor es alguien que arremete contra las fuerzas que destruyen al ser humano y se compromete a ser un restaurador de vidas rotas por el pecado. Eso es lo que Oseas hizo con Gómer, y fue lo que Jesús hizo por nosotros en la cruz.

Ella, como nosotros, se había endeudado hasta convertirse en una esclava de sus pasiones pero él, para traerla de vuelta a casa, estuvo dispuesto a pagar el precio. Eso representa un amor redentor, una clase de amor que está dispuesto a pagar el precio para traer de vuelta al otro a la relación, un amor que restaura en el otro la dignidad perdida (Tito 3:3-7). Y eso es exactamente a lo que Dios nos desafía a través del ejemplo del profeta Oseas: a ser redentores en nuestras relaciones.

Puedes dejar que el infierno tome el control o puedes arremeter contra él con las fuerzas del perdón, la honra, la paciencia, la compasión, etc. Puedes convertirte en el redentor que paga el precio de las deudas y libera a la otra persona. Estoy hablando de pagar el precio para traerla de vuelta a nosotros y de restaurarle además la dignidad perdida a causa de su error, reflejando lo que sentimos por nuestro creador.

🧠 PRINCIPIO 3
LA IMAGEN DE DIOS NUNCA SE BORRA DE NOSOTROS

En el primer capítulo de *Génesis, la Biblia dice que Dios creó al ser humano a su imagen. El autor deja muy* en claro que, a pesar de que toda la creación refleja la gloria de su creador, hay algo que distingue al ser humano de los minerales, las plantas o los animales: de una manera diferente e intencional, Dios imprimió su imagen en los seres humanos, y no solo los modeló a partir del polvo de la tierra como un artista moldea su obra a partir de la arcilla sino que sopló en él su esencia. El ser humano, desde el principio, es portador de la imagen divina y aunque una persona sea abusada, violada o esté enferma, aunque tenga su mente llena de mentiras, aunque practique hábitos destructivos o tenga un carácter corrompido, mientras exista, esa persona tiene impresa en su interior el sello divino.

Tenemos que decidir entonces si nos convertiremos en restauradores o en destructores de la imagen de Dios en los demás, porque de eso se tratan las relaciones.

Cuando se maltrata a un ser humano, se lo convierte en un objeto y se lo ignora; estas acciones se convierten en actos contra Dios. Sin embargo, cuando protegemos la dignidad de alguien, lo tratamos con bondad y celebramos sus virtudes, estas acciones se convierten en actos a favor de Dios. Hay una manera de mostrar amor al Creador y es amando a su creación.

Cuando pagamos el precio por alguien para traerlo de vuelta a nosotros, cuando lo perdonamos, cuando luchamos por la conexión y nos esforzamos por mantenernos unidos, o hacemos cualquier otra cosa que lo libera de la esclavitud de sus errores, entonces ese amor se convierte en redentor. De esta manera, colaboramos con Dios en la obra de restauración que él inició en la cruz.

Todos necesitamos redención, no importa cuán limpios o sucios nos sintamos. Podemos engañarnos, diciendo «Yo no soy tan malo como los demás», o podemos consolarnos al compararnos con otros peores para sentirnos más buenos que ellos, pero la verdad es que uno no entiende lo sucio que está y lo imperfecto que es hasta que se compara con Jesús.

Entonces nos damos cuenta de que la justicia no viene por nosotros, que no hay manera de pagar por nuestros errores, que no hay vuelta atrás, pero Jesús interrumpe el silencio diciéndonos: *«Déjame esto a mí, yo tomaré* tu lugar, cargaré con tu pecado y pagaré el precio por ti», y mientras carga la cruz que yo merezco y recibo un indulto que no entiendo, puedo verlo caminando hacia el lugar donde será quebrantado mientras yo estoy de pie como una persona libre. Cuando toda la justicia de Dios está a punto de aplastar a Jesús, su amor me susurra: «Te amo».

Lee lo siguiente: «Dios nos demostró su amor enviando a su único Hijo a este perverso mundo para darnos vida eterna por medio de su muerte. **Eso sí que es un amor verdadero**. No se trata de que nosotros hayamos amado a Dios, sino de que él nos amó tanto que estuvo dispuesto a enviar a su único Hijo como sacrificio expiatorio por nuestros pecados» (1 Juan 4:9-10, énfasis del autor).

 CONCLUSIÓN

A través de todas estas lecciones descubrimos lo que significa amar en los desafíos que nos ofrecen las relaciones importantes de nuestra vida. Hemos sido desafiados a convertirnos en portadores del amor de Dios en nuestro mundo, un amor verdadero que se conecta con las demás virtudes como la valentía, la honra, el compromiso, la protección y el perdón; es ese amor con el que fuimos amados. Jesús es quien nos da el poder y la valentía de amar a los demás, porque amar así es solo para valientes.

EL CIERRE

Termina la serie diciendo:

Si aún no has encontrado el amor verdadero es porque aún no has descubierto a Jesús. Solo mira por unos instantes la cruz; mira a Jesús clavado, desnudo y rasgado en esa cruz y pregúntate por qué. Lo que mantuvo a Jesús clavado en esa cruz no fueron los clavos: fue su amor a ti.

El escándalo de la cruz es que fue una sustitución. Jesús tomó tu pecado y te regaló su justicia y, al hacerlo, Dios trató a Jesús con el castigo que tú te merecías para que Dios te trate a ti con el honor que Jesús se merecía. Jesús murió tu muerte para que tú puedas vivir su vida. Esa es la mayor declaración de amor que existe, ese es el amor verdadero.

Eres amado con un amor tan real, tan intenso, tan incondicional, tan puro y eterno que tu mente no puede procesar todas sus implicaciones, pero tu espíritu encontrará la libertad que tanto anhelas. ¿Qué tal ahora vivirlo?

Ora por tus alumnos. Bendícelos y dales la seguridad de que pueden seguir hablando contigo de cualquiera de estos temas en profundidad. Desafíalos a sanar heridas y a restaurar su corazón, a soñar con un matrimonio feliz que camine con Jesús para disfrutar y salir victoriosos ante cada desafío. Anímalos a ser valientes al amar.

REFLEXIÓN
REDENTORES

1. *Oseas tiene solo catorce capítulos. ¡Léelos!*

2. *En Oseas 11:8 dice que a Dios le duele el corazón. ¿A qué crees que se refiere? ¿Por qué crees que Dios sea tan sentimental?*

3. *¿Cómo has tratado de satisfacer tu necesidad de ser amado, querido, deseado?*

4. *¿Qué relación en tu vida te necesita como redentor? ¿Estás dispuesto a serlo?*

5. *Suponiendo que deseas serlo, ¿cuáles serían tus pasos para lograrlo? ¿Qué intentarías?*

6. *¿Cómo te hace sentir el saber que llevas el aliento de Dios en tu vida y una parte de él en tu ser?*

7. *Lee Tito 3:3-8. ¿Cómo dice Pablo que eran antes de conocer a Cristo? ¿Y cuál ha sido la transformación?*

8. *¿Qué está recomendando en el versículo 8?*

9. *Lee 1 Juan 4:7-21. Marca en tu Biblia todas las frases que te llamen la atención o haz una lista de ellas.*

Jesús murió tu muerte para que tú puedas vivir su vida. Esa es la mayor declaración de amor que existe, ese es el amor verdadero. Eres amado con un amor tan real, tan intenso, tan incondicional, tan puro y eterno que solo te queda aceptarlo, y aprender a disfrutarlo y a darlo.

¿Estás listo para lanzarte a la aventura? ¡Amar es para valientes!

ALGUNAS PREGUNTAS QUE DEBES RESPONDER:

¿QUIÉN ESTÁ DETRÁS DE ESTE LIBRO?

Especialidades 625 es un equipo de pastores y siervos de distintos países, distintas denominaciones, distintos tamaños y estilos de iglesia que amamos a Cristo y a las nuevas generaciones.

e625.com

¿DE QUÉ SE TRATA E625.COM?

Nuestra pasión es ayudar a las familias y a las iglesias en Iberoamérica a encontrar buenos materiales y recursos para el discipulado de las nuevas generaciones y por eso nuestra página web sirve a padres, pastores, maestros y líderes en general los 365 días del año a través de **www.e625.com** con recursos gratis.

zona de contenido
PREMIUM

¿QUÉ ES EL SERVICIO PREMIUM?

Además de reflexiones y materiales cortos gratis, tenemos un servicio de lecciones, series, investigaciones, libros online y recursos audiovisuales para facilitar tu tarea. Tu iglesia puede acceder con una suscripción mensual a este servicio por congregación que les permite a todos los líderes de una iglesia local, descargar materiales para compartir en equipo y hacer las copias necesarias que encuentren pertinentes para las distintas actividades de la congregación o sus familias.

¿PUEDO EQUIPARME CON USTEDES?

Sería un privilegio ayudarte y con ese objetivo existen nuestros eventos y nuestras posibilidades de educación formal. Visita **www.e625.com/Eventos** para enterarte de nuestros seminarios y convocatorias e ingresa a **www.institutoE625.com** para conocer los cursos online que ofrece el Instituto E 6.25

¿QUIERES ACTUALIZACIÓN CONTINUA?

Regístrate ya mismo a los updates de **e625.com** según sea tu arena de trabajo: Niños- Preadolescentes- Adolescentes- Jóvenes.

¡APRENDAMOS JUNTOS!

Sé parte de la mayor
COMunidad de
educadores cristianos

Sigue en todas tus redes a
/e625COM

e625
INSTITUTO
ESPECIALIDADES
/ InstitutoE625

TU MINISTERIO
SUBIRÁ
DE NIVEL

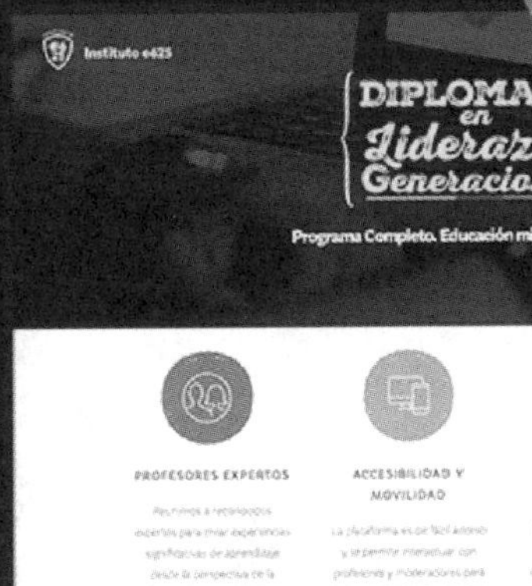

Instituto e625
INSCRÍBETE
DIPLOMADO en LiderazGO Generacional
Programa Completo. Educación ministerial del futuro.
PROFESORES EXPERTOS
ACCESIBILIDAD Y MOVILIDAD
FLEXIBILIDAD Y PROFUNDIDAD
METODOLOGÍA

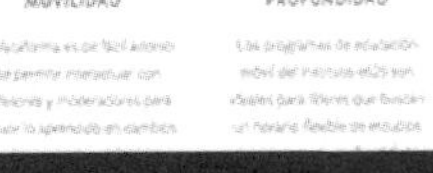

Nueva Web
Próximos cursos
Programa de estudios

www.InstitutoE625.com

¡**Suscribe** a tu iglesia **para descargar** los mejores recursos para el **discipulado** de **nuevas generaciones**!

zona de contenido
PREMIUM
SUSCRIPCIÓN POR IGLESIAS

Lecciones, Series, Guías, Revista, Investigaciones, Videos, Audios y más

e625.com/premium

e625
te ayuda todo el año

www.e625.com te ofrece
recursos gratis